LA

QUESTION DES HÜISSIERS

———

LES AFFAIRES COMMERCIALES

MÊME LIBRAIRIE

ENVOI FRANCO CONTRE MANDAT OU TIMBRES-POSTE

L'Allemagne de M. de Bismarck, par Amédée PIGEON, 3ᵉ édition, in-8°, broché... 7 fr. 50

La Russie politique et sociale, par Léon TIKHOMIROV, in-8° broché... 7 fr. 50

— *Le même ouvrage*, in-18 jésus, broché.................. 3 fr. 50

La Russie sous les Tzars, par STEPNIAK, 2ᵉ édition, in-8°, broché... 7 fr. 50

Russie et Liberté, par un Gentilhomme russe, in-18 jésus, broché... 3 fr. 50

La Russie et l'Église universelle, par Wladimir SOLOVIEV, 2ᵉ édition, in-18 jésus, broché........................... 3 fr. 50

La Russie Juive (Monita secreta des Juifs), par KALIXT DE WOLSKI 3ᵉ édition, in-18 jésus, broché..................... 3 fr. 50

L'Allemagne intime, par Henri CONTI, 4ᵉ édition, in-18 jésus, broché... 3 fr. 50

L'Espionnage allemand en France, par François LOYAL, 3ᵉ édition, in-18 jésus, broché.................................. 3 fr. 50

Le Poison allemand, par Robert CHARLIE, 3ᵉ édition, in-18 jésus, broché.. 3 fr. 50

Chez les Bulgares, par Léon HUGONNET, consul, 2ᵉ édition, in-18 jésus, broché... 3 fr. 50

L'Espagne telle qu'elle est, par V. ALMIRALL, 2ᵉ édition, in-18 jésus, broché.. 3 fr. 50

L'Italie telle qu'elle est, par S. MERLINO, 2ᵉ édition, in-18 jésus, broché.. 3 fr. 50

L'Algérie telle qu'elle est, par BERGOT, 2ᵉ édition, in-18 jésus, broché.. 3 fr. 50

Francesco Crispi, l'homme public, l'homme privé, par Félix NARJOUX, 2ᵉ édition, in-18 jésus, broché............. 3 fr. 50

O'Connel, sa vie, son œuvre, par L. NEMOURS GODRÉ, 2ᵉ édition, in-18 jésus, broché................................. 3 fr. 50

Théâtre de Christophe Marlowe, traduction de Félix RABBE, avec une préface de Jean RICHEPIN, 2ᵉ édition, 2 volumes in-18 jésus, brochés.. 7 fr.
Ouvrage couronné par l'Académie française.

Shelley, œuvres poétiques complètes, traduction de Félix RABBE 3 volumes in-18 jésus, brochés....................... 10 fr. 50

Shelley, sa vie et ses œuvres, par Félix RABBE, 2ᵉ édition, avec portrait, très fort volume in-18 jésus, broché.............. 4 fr.

Les Maîtresses authentiques de lord Byron, par Félix RABBE, 2ᵉ édition, in-18 jésus, broché............................ 3 fr. 50

Metz et le joug prussien, par Pascal LAUROY, 2ᵉ édition, in-18 jésus, broché.. 3 fr. 50

Le Règne des vieux, par Paul MOUGEOLLE, 2ᵉ édition, in-18 jésus, broché.. 3 fr. 50

Imp. du Progrès. — Ch. LÉPICE, 7, rue du Bois, Asnières.

FERNAND XAU

D'après les Notes et Documents recueillis par M. ALEXANDRE

LA QUESTION

DES

HUISSIERS

LES AFFAIRES COMMERCIALES

LE TARIF DE 1807

PARIS

NOUVELLE LIBRAIRIE PARISIENNE

ALBERT SAVINE, ÉDITEUR

12, RUE DES PYRAMIDES, 12

1890

INTRODUCTION

Ce n'est pas un cours de procédure que nous présentons au public. Nous n'avons pas la prétention de faire un livre de droit; nous voulons seulement montrer ce qu'est une étude d'huissier; nous entendons ainsi faire connaître à fond ces officines poudreuses où moisissent des millions de dossiers — renfermant la fortune et l'honneur de milliers de gens.

Que de désespoirs ils ont causé, ces papiers timbrés, aujourd'hui la proie des vers! Que de vilenies ils ont fait commettre, ces grimoires illisibles qui ont coûté tant d'argent et, le plus souvent, n'ont servi à rien !

Au moment de commencer ce travail et de faire entrer le lecteur avec nous dans le repaire de l'huissier, de lui montrer le patron tranquillement assis dans son cabinet, le dos appuyé sur son fauteuil, écoutant son maître-clerc qui, sous sa haute direction, exploite créanciers et débiteurs, nous avons hésité, tant nous nous sommes sentis écœurés; mais le devoir nous commandait de marcher et de dévoiler les secrets qui nous avaient été confiés.

Pour nous, il s'agit de montrer enfin à nu cette plaie toujours saignante : l'officier ministériel, abusant de son mandat et ruinant tout sur son passage.

La tâche que nous avons entreprise est belle et hardie; car, les premiers peut-être, nous aurons osé porter un coup funeste à la corporation avide des huissiers — et cela dans le seul intérêt du public.

Revenu de nos premières défaillances, nous avons tout d'abord arrêté le plan de cet ouvrage. C'est un guide que nous avons essayé de rendre attrayant en coupant à dessein chaque chapitre, soit par la correspondance, soit par des anecdotes authentiques. Présenté différemment, sous une forme plus technique, il eût paru trop aride.

Chaque fait que nous citons est exact, chaque personnage que nous faisons mouvoir a vécu. Notre travail est une œuvre sans prétention aucune. C'est simplement un relevé fidèle et minutieux des agissements de MM. les huissiers.

Les exploits sont dépeints sous leur jour réel, tels quels; encore un coup, nous n'avons pas cherché à broder mais seulement à dépeindre la réalité.

Le législateur ne créa l'huissier que pour faire un exécuteur de la loi. Il lui fit donner des émoluments fixes comme juste salaire de son travail ingrat, pénible et souvent inhumain.

Peu à peu, un relâchement regrettable et des abus se sont introduits dans le ministère de l'huissier. D'exécuteur de la loi, l'huissier est devenu fabricant d'exploits. Sa charge, gratuite dans le principe, est devenue un monopole vendu hors de prix dans les grands centres: créanciers et débiteurs se sont ressentis de ces changements, car c'est eux, toujours eux, qui payent.

L'huissier n'est plus qu'un simple négociant; son étude est un fonds de commerce bon à prendre pour celui qui sait l'exploiter. L'officier ministériel, l'exécuteur de la loi, a disparu. Qu'est-il resté? Un simple trafiquant de la détresse et de la misère. Le tarif, enfoui sous la poussière, s'est trouvé anéanti avec l'huissier primitif et un autre tarif, fantaisiste et ruineux, est éclos, dû à l'imagination fertile de ces traitants d'un nouveau genre.

Une classe d'individus, fruits secs de toutes les carrières, s'est alors montrée au grand jour, sans talent, sans capacité, sans vergogne, et n'ayant que des appétits — particulièrement celui de l'or. C'est dans cette classe que se recrutent maintenant les huissiers.

Bientôt, sans doute, nous verrons supprimer les abus sans nombre qui existent à l'époque actuelle; nous verrons nos législateurs s'occuper enfin des intérêts de leurs mandants. Ce jour-là, nous serons heureux d'avoir pu contribuer, dans la mesure de nos forces et de nos moyens, au triomphe de la justice et du bon droit.

A côté de la classe de fruits secs où se recrute l'huissier, il s'en trouve une autre, qui tend à disparaître, c'est la classe des clercs d'huissiers — pauvres hères dignes d'intérêt et de pitié, affamés par le patron et méprisés des clients.

Dans presque tous les chapitres de ce volume, il est question des clercs, car nul plus que nous ne souhaite leur relèvement, nul plus que nous ne désire les voir assermentés et former une société mutuelle.

Dans ce premier volume, nous abordons surtout la question commerciale : assignation que l'huissier majore sans cesse ; jugement rendu par des juges consulaires, gens fort honorables et très droits, mais que nous souhaiterions voir assistés d'un juge au civil ; nous traitons enfin de tous les actes de la procédure commerciale, et si nous en avons omis quelques-uns, tels que la sommation devant arbitre, c'est que nous nous réservons de traiter plus tard la question des arbitres.

D'ailleurs, notre ouvrage, ainsi que l'indique le titre, a surtout trait aux huissiers. Nous voulions rappeler le décret qui a constitué les huissiers, le costume qu'ils doivent porter, etc... car toutes ces choses sont aujourd'hui oubliées, démodées et abolies par l'usage.

Il faudrait, en cette année 1890, faire un nouveau décret sur les huissiers, leur donner de nouvelles lois, une commission au lieu de costume et surtout un nouveau tarif : c'est le vœu de tous les citoyens qui ont étudié la question si intéressante de la Réforme judiciaire.

Nous espérons avec juste raison que des réformes

sages et bien comprises seront faites. Au surplus, la Chambre des Députés est entrée dans cette voie, et nous dirons les réflexions que nous suggère la discussion sur les protêts. Nous espérons surtout que le Trésor, sans cesse lésé, prendra en considération notre travail.

En lisant cette étude, plus d'un croira que nous avons noirci notre sujet. Hélas! il n'en est rien, et nous sommes plutôt restés au-dessous de la vérité.

Nous croyons que les huissiers ne pourraient vivre avec le luxe qu'ils déploient et amasser de scandaleuses fortunes, s'ils agissaient loyalement et honnêtement, tarif en main. Nous le croyons — et nous le prouvons.

Il est une chose, surtout, qui a une importance énorme, c'est la manière lamentable dont les exploits d'huissiers sont signifiés, sans pudeur, sans retenue, tantôt aux concierges, tantôt aux domestiques, et souvent pour des sommes litigieuses et non dues. Il serait pourtant bien facile de remédier à cet abus en autorisant l'huissier à signifier sous enveloppe, quand il ne peut signifier « à personne »; cette mesure serait approuvée de tout le monde.

En « signifiant » avec discrétion, l'huissier pourrait souvent éviter la perte d'une maison honorable, dont le seul tort est d'être coupable d'un petit retard de payement, et qui voit son crédit crouler pour un malheureux papier timbré.

Combien d'actes injurieux et diffamatoires qui ne devraient pas tomber entre toutes les mains, et qui font les délices de la concierge et des domestiques!...

Et combien d'autres abus !

Les députés et les sénateurs ont une occasion superbe de s'attirer l'estime et la reconnaissance de tous les Français, sans distinction de classes ni d'opinion politique ; c'est de prendre enfin, et comme ils y paraissent disposés, les mesures nécessaires contre cette calamité publique.

Et les frais frustratoires, qu'en dire ? Les significations de vente payées de la main à la main, avec procès-verbaux d'affiches, etc., etc.

Que penser aussi de l'huissier qui, pour faire un constat, se présente comme un butor, agit dans la maison comme en pays conquis, force les portes et s'en va droit à la chambre à coucher. Nous prions nos lecteurs de lire, à ce sujet, notre chapitre sur le constat.

Il est grandement temps d'agir, de rendre la tranquillité aux honnêtes gens et de les mettre à l'abri des vexations de l'huissier.

L'ancien huissier est démodé ; il faut le remplacer par un homme nouveau, instruit, probe et laborieux.

Bien des personnes, ignorant ce que c'est que l'huissier, croiront difficilement tout ce que nous en disons. La volumineuse correspondance que nous reproduisons est là pour donner une authenticité complète à nos affirmations.

Les huissiers ont tellement oublié leur règlement ; par eux la loi est tellement tombée en désuétude, qu'ils ne connaissent plus rien de leurs devoirs. Ils n'ont plus qu'un désir, qu'un but : faire fortune.

Et, cette fortune qu'ils veulent acquérir à tout prix, ne croyez pas que ce soit en travaillant, en soignant les intérêts de leurs clients qu'ils l'obtiennent; non, c'est en faisant des frais, en grossissant leurs mémoires, véritables notes d'apothicaires, qu'ils s'engraissent au détriment des débiteurs et des créanciers.

Si nous pouvons, grâce à nos efforts constants et sérieux, appeler l'attention de MM. les membres du Parquet sur la question qui fait l'objet de cette étude sincère et approfondie, nous serons amplement récompensés de nos peines.

Bien que nous ne voulions pas rappeler en leur entier les décrets qui ont créé les huissiers et réglementé leur corporation, pour expliquer le but de notre travail et montrer jusqu'à quel point ces derniers ont oublié leurs devoirs, nous devons dire en cette introduction :

1° Que les huissiers actuels ont été institués par la loi du 27 ventôse an VIII (18 mars 1800);

2° Que le décret du 30 mars 1808, article 35, fixe le transport et dit : « Dans tous les cas où les règlements « accordent aux huissiers une indemnité pour frais de « voyage, il ne sera alloué qu'un seul droit de transport « pour la totalité des actes que l'huissier aura faits « dans une même course et sur le même lieu. »

Or, cet article 35 est observé par quelques huissiers,

qui forment la minorité; mais aucun huissier de
Paris, aucun, nous le répétons, n'observe l'article 45 :

« Article 45. — Tout huissier qui ne remettra pas
« lui-même à personne ou domicile l'exploit et les
« copies de pièces qu'il aura été chargé de signifier,
« sera condamné, par voie de police correctionnelle, à
« une suspension de trois mois, à une amende, qui ne
« pourra être moindre de deux cents francs, ni excéder
« deux mille francs, et aux dommages et intérêts des
« parties. — Si, néanmoins, il résulte de l'instruction
« qu'il a agi frauduleusement, il sera poursuivi crimi-
« nellement et puni d'après l'article 146 du Code pénal. »
Voici l'article :

CODE PÉNAL

146. Sera aussi puni des travaux forcés à perpétuité tout
fonctionnaire ou officier public qui, en rédigeant des actes
de son ministère, en aura frauduleusement dénaturé la subs-
tance ou les circonstances, soit en écrivant des conventions
autres que celles qui auraient été tracées ou dictées par les
parties, soit en constatant comme vrais des faits faux, ou
comme avoués des faits qui ne l'étaient pas.

Quand on aura parcouru ce volume, on verra combien
d'huissiers mériteraient cette peine si la loi était appli-
quée !

Voici encore le décret du 29 août 1813, relatif aux
copies à signifier par les huissiers :

Article premier. — Les copies d'actes de jugements, d'arrêts
et de toutes autres pièces, qui seront faites par les huissiers,
doivent être corrects et lisibles, à peine de rejet de la
taxe, etc.

Art. 2. — L'huissier qui aura signifié une copie de citation ou d'exploit de jugement ou d'arrêt qui serait illisible, sera condamné à l'amende de vingt-cinq francs, sur la seule provocation du ministère public, et par la cour ou le tribunal devant lequel cette copie aura été produite, etc.

Si cette amende était infligée chaque fois que les exploits des huissiers sont illisibles, aucune charge ne pourrait y résister.

Nos lecteurs nous excuseront de leur avoir donné ces quelques extraits des décrets constituant le monopole des huissiers : cela était nécessaire pour expliquer la juste campagne que nous voulons entreprendre en ce volume.

D'exploits signifiés par l'huissier à Paris, il n'en existe que fort peu ; quant aux actes lisibles, on peut les compter.

Nous terminons le premier volume de cette étude par la copie du tarif, d'après le décret du 16 février 1807 qui est toujours en vigueur. Ce livre deviendra ainsi le *vade mecum* de tous les gens, créanciers ou débiteurs, qui ont à se servir de l'huissier.

LA QUESTION DES HUISSIERS

LES AFFAIRES COMMERCIALES

CHAPITRE PREMIER

LA QUESTION DES HUISSIERS

Elle est vieille comme le monde, cette question. Depuis qu'il y a des débiteurs et des créanciers, les huissiers se sont toujours trouvé là pour exploiter les uns et ruiner les autres.

Grâce aux indiscrétions d'un vieux praticien, ancien maître clerc d'une des meilleures études de Paris, nous sommes à même de pouvoir nous livrer à une étude approfondie de cette corporation détestée.

Depuis bien longtemps, l'huissier n'existe

plus comme officier ministériel. Il n'est plus
qu'un vulgaire fabricant d'exploits — on pourrait aussi bien dire un exploiteur — de là, la
manière scandaleuse dont il grossit ses mémoires. Prenons un constat par exemple pour en
donner un aperçu.

Voici ce que la loi accorde à l'huissier :

```
Vacation ................  6 francs
Timbre ..................  »  60
Enregistrement ..........  3 75
                          ─────
            Soit......    10 35
```

Cela paraît bien peu à MM. les huissiers
qui refont le tarif! Ils comptent la vacation
8 francs, ajoutent pour réquisition 5 francs et répertoire 0 fr. 10. Voilà donc un acte grossi de
7 fr. 10! Tous ne peuvent, comme le constat,
être grossis à ce point, mais tous sont ma-
jorés...

Il y a cent cinquante huissiers, rien que dans
le département de la Seine. Si l'on évalue, sans
trop de largesse, que l'un dans l'autre ils font
en moyenne huit mille actes par an, cela fait

un total d'environ douze cent mille exploits par
an !

Si l'on étudie un dossier de procédure, acte
par acte, comme nous le ferons ultérieurement,
on se rend compte que, l'un dans l'autre, chaque
exploit se trouve majoré de 1 fr. 50 pour le
moins. S'il en est qu'on ne peut augmenter, il
y en a d'autres, comme le procès-verbal d'affiches, par exemple, sur lesquels on se rattrape.
En admettant donc 1 fr. 50 par exploit, on trouve
que cela fait 1,800,000 francs par an rien que pour
Paris. Si l'on pousse le calcul plus loin et si l'on
admet qu'un huissier reste vingt ans dans sa
charge, on en arrive à cette déduction, qu'il se
retire au bout de ce temps avec 240,000 francs
plus ou moins honnêtement acquis !

Nous examinerons plus tard ce que rapportent les vacations avec placement chez les
agréés, plus les divers petits trucs inventés par
ces messieurs.

Pour le moment, nous ne faisons qu'une constatation, c'est que l'huissier n'est qu'un fabricant d'exploits. Il doit donc avoir des livres,
comme tous les commerçants. Son répertoire
timbré fait après coup ne peut compter. Nous

demandons que le répertoire brouillon qui remplace pour lui le livre-journal soit paraphé par le juge comme le répertoire timbré et le livre-journal du commerçant. Nous proposons également qu'une commission soit nommée par le ministre des Finances pour reviser au moins une fois par mois les opérations des huissiers, et que, tarif en main, cette commission exige les réductions nécessaires.

Nous sollicitons enfin qu'une commission, ou plusieurs s'il y a lieu, soient instituées pour examiner les livres des huissiers en remontant jusqu'à ceux qui datent d'il y a vingt ans.

Le Trésor a besoin de fonds. Il n'a qu'à faire rentrer à son profit les sommes perçues indûment. Rien quà Paris, cette petite opération, équitable et productive, donnerait 36 millions de francs au minimum.

La nouvelle Chambre a là une belle occasion de voter des lois utiles qui satisferont les électeurs de tous les partis.

Entrons maintenant dans le détail de l'étude que nous voulons faire — sérieusement et minutieusement — en examinant avec soin ce que l'huissier compte ses exploits, ce qui lui est dû réellement; en un mot, en recherchant de combien sont frustrés les simples plaideurs et le Trésor.

CHAPITRE II

LE PROTÊT

Il n'est rien en apparence de plus simple et de plus vulgaire qu'un protêt. En réalité c'est une chose très sérieuse.

Le législateur trouve l'acte de protêt tellement grave qu'il dit dans le Code du Commerce : « Le protêt sera fait par deux notaires ou par « un notaire et deux témoins, ou par un huis- « sier et deux témoins (1). » (Tit. VIII, § XII, art. 173.)

Il dit également à l'article 176 : « Les no- « taires et les huissiers sont tenus, à peine de « destitution, dépens, dommages-intérêts en- « vers les parties, de laisser copie exacte des « protêts. »

Or, voici comment les huissiers observent la Loi : S'ils ont par exemple quatre cents billets

(1) Voir décret du 23 mars 1848 supprimant les témoins.

entre les mains, un jour d'échéance, ils les répartissent entre huit clercs, pauvres diables qui sont chargés de les présenter et par conséquent de les protester, s'il y a lieu. Cette façon d'agir est fort loin, vous le voyez, de la pensée du législateur.

Un clerc d'huissier part quelquefois à cinq ou six heures du soir avec cinquante billets, dont quarante pour Paris et dix pour la banlieue. Il a en moyenne pour six heures de course et ne peut avoir terminé sa tournée avant onze heures. Cependant, d'après la loi, un protêt doit être fait avant six heures en hiver et neuf heures en été. A la place d'un notaire ou d'un huissier assisté de deux témoins, nous ne nous trouvons plus en présence que d'un clerc sans répondant et sans garantie. Tant pis pour les pauvres négociants qui, fermant leur boutique à neuf heures seront protestés deux jours de suite à onze heures !

Il y a cependant un décret par lequel les huissiers ont été institués ; il leur a même donné un costume, j'allais dire une livrée... Pourquoi ce décret n'est-il pas appliqué ?

Si l'on trouve le costume de M. Loyal, de

Tartufe, un peu trop démodé, qu'on en donne un autre à MM. les huissiers, mais qu'on sache enfin entre les mains de qui l'on verse son argent !

D'après les errements modernes, ne risquons-nous pas de verser à un voleur, qui se serait emparé de nos billets, ce qui devrait être remis à l'huissier qu'on ne voit jamais? Il y a bien son représentant, mais quel représentant! D'ailleurs, qui nous garantit qu'il le soit? Cependant, la loi est formelle : l'huissier doit opérer en personne. Personne ne songe à la faire observer, cette loi qui, dans d'autres circonstances, condamnerait inflexiblement ceux qui la violent...

A quoi sert-il encore l'article 176 qui dit que notaires ou huissiers devront laisser copie du protêt à peine de destitution? On remplace la copie absente par une *carte* de l'huissier laissée par *son représentant*, laquelle carte est assez souvent malpropre et porte tout simplement l'adresse de l'huissier. On y ajoute quelquefois le chiffre de la somme à payer. Voilà tout.

L'huissier sait bien faire payer son protêt ; quant à faire l'acte, jamais.

Il y a aussi le truc des 2 francs de course.

Certains huissiers se font rapporter ces 2 francs par le clerc, d'autres les lui laissent à titre de pourboire. De toutes façons, c'est misérable !

Après présentation du billet, si l'on vient le lendemain à l'étude pour payer, il est répondu : « Votre billet est à l'enregistrement ». Si vous consentez cependant à payer un protêt tout préparé de 3 fr. 60 au minimum on vous rend votre effet. Or ce protêt tout fait rapporte 2 fr. 35 à l'huissier et il le fait payer 3 fr. 60 ! — Comment appelle-t-on cela ?

Sait-on ce que gagne un huissier à garder un effet en caisse trois ou quatre jours, délai maximum avant de le faire enregistrer ? C'est scandaleux. Certaines gens s'imaginent que cela aide beaucoup le commerçant. C'est une erreur. L'honnête homme ignore ces petits trucs ; le malhonnête en profite pour escompter de nouveaux bordereaux. Le Trésor est en tout cas frustré. Pourquoi donc le répertoire de l'huissier n'est-il pas visé immédiatement après l'échéance ? Rien que pour Paris, le Trésor y gagnerait des sommes considérables.

Nous ne pouvons nous étendre plus longuement sur ce sujet. Il y aurait des volumes à écrire sur le protèt.

Pourtant il est nécessaire que nous donnions à nos lecteurs une idée du protèt avec traduction. Cet exploit varie suivant l'étude où il est fait. En général, l'huissier compte en plus du protèt ordinaire :

Traduction 3 60
Vacation à la traduction..... 3 »
Copie de traduction......... 1 50

Or, la traduction ne coûte à l'huissier que 2 fr. 60, quelquefois, 2 fr. 10. La vacation à la traduction est un comble ; quant à la copie de traduction c'est plus que cela... L'huissier ne se fait-il pas payer la copie de l'effet, que ce soit une traduction ou le texte original?

La copie de traduction est donc à supprimer.

Le protèt avec intervention présente peu d'intérêt. Dans le cas spécial des protèts avec transport, nous expliquerons ultérieurement combien l'huissier gagne avec le transport.

Avant d'en terminer avec le protèt, il est bon de prévenir nos lecteurs que dans les 2 fr. 35 qui sont alloués à l'huissier pour le protêt, il y a : droit de copie du billet et transcription au registre, 0 fr. 75. Or, le billet doit être copié trois fois sur l'original, sur le registre et sur la copie ; comme la copie n'est jamais délivrée, c'est donc 25 centimes dont l huissier bénéficie sans travail. Il y a également pour original et copie, 1 fr. 60 soit, 1 fr. 10 pour l'original et 0 fr. 50 pour la copie. Comme la copie n'existe pas, c'est encore 50 centimes que l'huissier empoche.

Enfin, quand sur un protêt il y a deux billets, l'huissier compte : deuxième effet, 1 franc ou 1 fr. 50. Or, il ne lui est alloué pour la copie d'un effet que 0 fr. 25. C'est donc une frustration de 0 fr. 50 ou 1 franc par effet en plus, et cela fait des sommes considérables ! Pour un huissier de la Banque de France, par exemple, à une échéance de fin de mois, cela représente au moins 1,000 fr., peut-être 2,000 francs. Si l'on faisait rendre gorge à ces messieurs pour les vingt ans d'exercice, cela produirait des millions.

Nous avertissons donc de nouveau nos lecteurs qu'il ont droit à une copie pour le protêt, que lorsqu'il y a plusieurs effets sur le même protêt l'huissier n'a à recevoir qu'à 0 fr. 25 par copie d'effet au lieu des 0 fr. 75 qu'il compte quelquefois, et des 0 fr. 50 qu'il compte pour le moins (1).

(1) La Chambre des Députés est saisie de trois projets différents concernant le Protêt. On trouvera plus loin une appréciation raisonnée de ces projets, qui émanent de l'initiative de MM. Édouard Lockroy, Rabier et Pontois.

CHAPITRE III

ASSIGNATION

C'est à l'assignation que commence pour l'huissier le rôle inique que chacun connaît et qui est contraire à la loi. Pour le protêt, le clerc, qui toujours opère pour l'huissier, espère toucher; aussi présente-t-il autant que possible l'acte à la personne elle-même; mais, pour l'assignation comme pour les autres actes de la procédure, l'appât du gain n'existe plus. C'est ce qui explique que, sans vergogne, l'exploit soit laissé à la concierge, aux domestiques, aux employés, etc.

Pourtant le législateur, quand il a institué le « parlant à », a voulu que l'acte fut signifié autant que possible à la personne elle-même afin qu'elle pût y faire consigner telle ou telle réponse, et la signer au besoin. C'est bien là 'esprit de la loi, mais malheureusement l'huis-

2

sier est libre de l'interpréter à sa façon, cette loi. Nul ne le surveille et seul son clerc opère pendant qu'il prend son absinthe.

L'habitude constante dans les études est de remplir avant de partir le « parlant à ». On met généralement « parlant à une femme à son service ». Une anecdote curieuse m'a été rapportée à ce sujet.

Un noble hidalgo se trouvait au Grand-Hôtel, un joaillier lui fit faire une sommation par huissier. Le « parlant à » portait « à une femme à son service » et l'exploit fut signifié à sa femme; vous pensez comme l'hidalgo fut flatté...

L'habitude de l'huissier est de grossir cet exploit comme il grossit tous les autres. Suivant la loi, en tête de l'assignation au commerce on copie le ou les billets qui motivent les poursuites; de ce fait, le tarif alloue à l'huissier 0 fr. 25 par copie d'effet, l'huissier double le tarif et compte 0 fr. 50 par effet, soit pour l'original et la copie 0 fr. 50 de bénéfices, pour me servir de cette expression! S'il y a deux billets, cela fait 1 franc; s'il y a quatre endosseurs et un souscripteur, cela fait 5 francs; si l'huissier signifie mille assignations par an, c'est 5,000 francs de trouvés ! Pendant ses vingt ans d'exercice, cela fait 100,000 francs et comme il y a cent-cinquante huissiers à Paris, ça fait 15 millions ! Un assez joli chiffre, comme vous voyez.

Comme nous ne voulons pas découvrir une plaie sans donner le remède, nous conseillons de nouveau l'institution de commissions chargées de vérifier les répertoires des huissiers, ne se contentant pas, comme les vérificateurs actuels, de compter les actes, mais les épluchant tarif en main et imposant, chaque fois qu'il y aura vol, disons le mot, une amende proportionnelle. L'Etat n'aura plus besoin d'emprunt, les huissiers rempliront ses coffres.

Nous ne parlons en ce moment que des assignations commerciales, réservant celles au civil pour plus tard.

Nous donnons des chiffres dans toutes nos appréciations et nous prions nos lecteurs de les considérer comme étant bien au-dessous de la vérité ; si les commissions que nous réclamons étaient instituées et que leur travail de vérification des vingt dernières années écoulées fût consciencieusement fait, les huissiers eux-mêmes seraient terrifiés.

Dans un chapitre ultérieur, nous expliquerons ce qui a amené les huissiers à grossir leurs mémoires.

L'assignation, comme tous les actes d'huissier, porte : répertoire 0 fr. 10. Cela n'est pas dû, à moins que ce ne soit à l'imagination des huissiers. Deux sous, direz-vous, c'est peu... Vous vous trompez : deux sous par acte c'est énorme ! Un huissier, pendant son exercice, signifie au moins cent-soixante mille actes ; à deux sous, cela fait 16,000 francs, c'est-à-dire de quoi avoir une petite maison de campagne, aux dépens des malheureux plaideurs.

Seize mille francs pour un huissier, c'est pour les cent cinquante de Paris, 2,400,000 francs.

Voyez comme ces deux sous grossissent ! Quel tas de monnaie si nous parlions de tous les huissiers de France...

Quelquefois le débiteur vient payer sur l'assignation, alors il paye sans marchander. C'est un tort. Nous conseillons de ne jamais payer aucune note d'huissier sans la faire taxer, non par la Chambre, mais par un juge.

Nous engageons nos lecteurs à n'accepter

aucun acte s'il n'est signifié par l'huissier en personne, et à exiger du concierge qu'il refuse tout papier timbré. L'huissier doit signifier à la personne, si possible, ou tout au moins faire une tentative.

Enfin, et c'est le plus important, il convient d'exiger que l'huissier date d'heure tous les actes en présence de celui qui les reçoit ; si ce n'est l'huissier en personne, il y aura faux ; si l'acte est signifié après l'heure légale. il sera nul, et la nullité de l'assignation entraîne celle de la procédure.

CHAPITRE IV

DES CLERCS

Dans nos précédents chapitres, nous avons surabondamment prouvé que les huissiers en prennent à leur aise et que, pour eux, les débiteurs ne sont qu'oisons bons à plumer.

Cependant, quand le débiteur sort des mains de l'huissier, il lui reste encore quelques plumes, que les clercs prennent soin de lui arracher à leur tour. C'est ce qui nous engage à faire une petite diversion. Mais que MM. les huissiers soient tranquilles, ce que nous avons dit jusqu'à présent n'est que bénin, comparé à ce qu'il nous reste à dire. Nous reprendrons la procédure acte par acte quand nous aurons étudié la composition d'une étude.

Il n'y a pas, ou tout au moins il y a fort peu, de clercs d'huissier proprement dits ; ce sont des déclassés sortant un peu de partout. Nous con-

naissons une étude qui emploie des tonsurés
il y en a d'autres qui ont la spécialité des anciens notaires, magistrats, huissiers de province, etc., etc.

Je prends une étude au hasard : elle est composée d'un premier clerc, un caissier et sept
clercs, dont un remplissant les fonctions de
deuxième clerc.

Parmi ces neuf personnages, nous trouvons,
à côté l'un de l'autre, un domestique, un médecin, un ancien agent d'affaires, un avocat, un ou-
vrier, un ancien receveur, un vidangeur, un employé de commerce et un ancien négociant.

Les ouvriers sont rares parmi les clercs d'huissier, — quoique l'on ait vu un tailleur de pierre
huissier ! Mais c'est une exception...

Le premier clerc n'a pas besoin de capacités
hors ligne : il doit avant tout avoir une grande
dose d'aplomb ; enfin, il lui faut juger à première vue s'il a affaire à un naïf ou à un malin.
Le coût des actes n'est pas le même pour ces
deux catégories, le naïf paye toujours des honoraires, ce qui est loin d'être dû ; l'autre s'en tire
à meilleur compte.

Le premier clerc gagne de 200 à 300 francs

par mois ; mais il a des bénéfices qui consistent en la plus grande partie des plumes restant à ces oisons de débiteurs. Exemple :

Pour une créance de 1,000 francs, le débiteur vient trouver le premier clerc sur l'assignation. Pour 10 francs, le pouvoir n'est pas prêt en temps, et l'on est obligé de réassigner en procédant à quinzaine sur le jugement ; le premier clerc donne le conseil de laisser prendre un défaut et ensuite l'acquiescement à vingt-cinq jours est calculé de façon à en donner trente, nouvelle pièce de 10 francs ; à la saisie, le débiteur apporte copie de son mobilier, la saisie est faite à l'étude, le patron passe chez le débiteur sans clercs, nouveau pourboire ; le jour de la vente, référé et nouveau délai, nouvel arrosage ; seconde vente, on change le jour moyennant la pièce ; les affiches, le débiteur vient les prendre, on coupe les cornes pour faire croire au collage, nouvelle gratification. Les pièces sont chez le commissaire-priseur, on remet une lettre au débiteur pour que la vente soit remise, encore une aumône, etc., etc. Enfin le débiteur finit par payer, avec 400 ou 500 francs de frais et 200 francs de pourboire qu'il a donnés au premier clerc. L'affaire a traîné six mois. J'ai, les preuves en main, de ce que j'avance.

Pour le caissier, son rôle est plus minime, il accorde des délais pour l'enregistrement des effets, mais toujours moyennant finance. Qui est-ce qui est frustré? *Le Trésor*.

Il reste de temps à autre de légères plumes à arracher aux oisons. Ce sont les pièces de vingt sous ou quarante sous que l'on donne aux clercs pour mettre l'exploit sous enveloppe. Avouons qu'ils ne l'ont pas volé !

Quelquefois, pour ne pas dire toujours, un clerc part de l'étude à six heures, avec dix courses dans Paris, Charenton, Pantin et Bondy! Ce sont les jours ordinaires, que dire des jours d'échéance ?

Pour le récompenser, l'huissier lui alloue 1 fr. 20 de voiture, mais il compte transport 4 francs par acte de banlieue, soit 12 francs. N'est-ce pas de l'exploitation ?

Nous expliquerons en temps et lieu ce que c'est que le transport, quand il est dû, et comment il devrait être compris et réparti.

Comme avenir, le clerc d'huissier, lorsqu'il ne peut plus peut marcher, a une retraite de la

Chambre syndicale qui s'élève à environ 100 fr. par an; mais nous expliquerons à l'article « Chambre », ce qu'il lui faut faire pour gagner sa retraite et ce que celle-ci coûte aux huissiers.

Il y a un remède à la situation actuelle, c'est de forcer l'huissier à verser tant par acte, 0 fr. 10 au moins, à la caisse de retraites au lieu du centime qu'il verse actuellement.

Nous nous réservons de présenter au chapitre « Référé » quelques observations sur le rôle du clerc qui se présente devant le juge.

Comme d'habitude, avant de terminer ce chapitre, nous croyons utile de donner quelques conseils.

En principe, tout acte doit être signifié par l'huissier lui-même.

Le clerc d'huissier est généralement assez bon garçon, il ne faut pas le maltraiter; mais, quand il se présente, faites-le arrêter, allez chez le commissaire de police avec lui, faites dresser un procès-verbal, et poursuivez l'huissier; vous vous en trouverez bien. Assurez-vous pourtant d'avance que vous n'avez à pas affaire au patron !

Pour reconnaître le clerc du patron, il y a un moyen simple et ingénieux : c'est de faire comme nous l'avons conseillé, dater l'acte d'heure en toutes lettres et mettre le « parlant à » par le porteur d'exploit; puis exiger qu'il signe : s'il le fait c'est que c'est l huissier en personne.

Nous nous réservons de revenir plus tard et plus amplement sur le clerc d'huissier, sur son rôle qui est plus important que l'on ne croit. Pour le moment, contentons-nous de dire que si le clerc ordinaire n'est qu'un malheureux, le premier clerc est toujours le complice de l'huissier.

CHAPITRE V

Notre chapitre sur les clercs d'huissiers nous a valu la visite d'une délégation de ces Messieurs. A la suite de l'entrevue que nous avons eue avec eux, nous avons fait paraître dans l'*Echo de Paris* du 24 avril 1890, la note suivante.

« J'ai reçu lundi dernier la visite d'une délégation de la Société de secours mutuels des clercs d'huissiers du département de la Seine. Cette délégation était composée du président et de deux membres du Conseil d'administration de la Société.

« J'avais dit qu'il y avait quantité de déclassés parmi les clercs d'huissiers et ces messieurs sont venus, très courtoisement, m'apporter les statuts de leur Société, en tête desquels il est écrit que le but de cette dernière « est d'améliorer la situation matérielle et d'élever le niveau

moral de la corporation ». Ils m'ont fait observer
que ces statuts stipulent que « ne pourra être
admise comme sociétaire toute personne dont le
passé ne serait pas absolument irréprochable
sous le rapport de la probité », et que « tout sociétaire qui sera renvoyé de son étude pour fait
portant atteinte à son honorabilité, ces faits
ne fussent-ils pas de nature à donner lieu à une
action judiciaire, cessera de faire partie de la
Société. »

Voilà, certes, d'excellentes dispositions, et
nous ne saurions que les approuver. Aussi, en
donnant acte à la délégation des clercs de sa
démarche, lui disons-nous qu'entre elle et nous
l'accord est facile. Que demandons-nous ? C'est
que les clercs soient assermentés. De la sorte,
les brebis galeuses, trop nombreuses aujour-
d'hui, disparaîtront — et le véritable clerc aura
enfin une situation digne de lui, au double point
de vue moral et pécuniaire.

Nous devons ajouter à cette note que notre
but n'a jamais été d'attaquer MM. les clercs
d'huissiers, mais d'aviser aux moyens de les
relever dans l'opinion publique.

La solution pour nous, est bien simple : c'est de forcer les huissiers à traiter avec leurs clercs de pair à égal et à les payer en raison des services qu'ils rendent à leur corporation.

MM. les clercs d'huissiers seront les premiers à se joindre à nous dans la juste campagne que nous menons contre leurs exploiteurs.

Que voulons-nous ? Que demandons-nous ? Avoir affaire, quand l'huissier ne peut signifier ses actes lui-même, à des gens probes et honnêtes. Aucun clerc ne peut s'élever contre nous s'il se trouve dans les conditions que nous exigeons.

A titre de document, nous publions le portrait d'un maître clerc d'huissier, d'un deuxième clerc et de clercs — pris sur le vif d'après les notes que nous avons en mains.

CHAPITRE VI

PORTRAIT D'UN MAITRE CLERC D'HUISSIER

L'oiseau rare, le merle blanc pour un huissier, c'est le premier clerc. En voici le type achevé et parfait :

Comme première qualité, nous l'avons déjà dit, il lui faut un aplomb imperturbable ; il ne doit jamais craindre de répondre à aucune question, qu'il la connaisse ou qu'il l'ignore.

Sa deuxième qualité, la plus essentielle, c'est de réclamer des honoraires aux clients et de leur faire croire qu'ils sont dus, quoiqu'il sache pertinemment le contraire.

Sa troisième qualité est de conduire une affaire avec le tact voulu et de faire des centaines de francs de frais pour une créance minime.

Quel homme ! il connaît, ou semble connaître son code par cœur ; jamais une hésitation ! Toujours il trouve un biais en procédure ; toutes les causes lui sont bonnes si le client a du répondant.

Bas et vil quand il parle à l'huissier, son patron, ou à un client influent, — il est arrogant, insolent et plein de morgue quand il menace d'exécuter un débiteur qui n'a pas su lui graisser la patte.

En un mot, ce qu'on exige surtout de lui, c'est de considérer les débiteurs comme de bonnes vaches à lait et de leur faire suer leur argent ; c'est de traiter avec égard les créanciers et de savoir à propos leur compter de petits honoraires ou des frais de correspondance illicites. C'est un trafiquant.

Quant à ses défauts, les voici :

Il ne peut refuser un apéritif offert à propos ; il se couche à plat-ventre quand vous savez lui offrir gentiment une gratification.

En somme, il ne se montre pas méchant si vous flattez ses capacités imaginaires et si vous êtes généreux avec lui.

Généralement studieux, il a assez lu et un peu étudié ; il connaît beaucoup de choses, surtout le cœur humain, et pourrait remplir une place plus élevée, — mais la routine et la chicane l'ont enchaîné : il aime son métier, il est incapable d'en sortir.

Ce type, nous le répétons, est pris sur le vif ; nous l'avons étudié longtemps avant d'en tracer le portrait.

CHAPITRE VII

DU DEUXIÈME CLERC ET DES CLERCS

Nous sommes obligé de continuer notre étude sur les clercs, afin que nos lecteurs sachent bien par qui leur sont signifiés ces exploits d'huissier qui, souvent, décident de leur avenir, de leur fortune et quelquefois de leur honneur.

Le deuxième clerc, en général, est l'ennemi du premier, dont il ambitionne la place. C'est peut-être l'être le plus venimeux et le plus dangereux de l'étude ; il rédige les originaux des actes et éprouve une sorte de plaisir à créer toutes ces embûches.

Sans capacités sérieuses, le deuxième clerc, dont l'extraction est généralement assez basse, ne connaît qu'une chose : noircir le papier azuré suivant telle ou telle formule.

Que les clercs sont malheureux d'être placés dans l'étude sous les ordres du deuxième clerc !

Est-ce le châtiment des fautes qu'ils ont pu commettre ?

Nous croyons volontiers qu'il existe d'autres deuxièmes clercs que celui que nous venons de dépeindre ; mais, sur vingt-cinq que nous avons connu, nous n'avons trouvé qu'une exception.

Puisque MM. les clercs d'huissier ont cru devoir protester contre notre chapitre les concernant je vais leur montrer la composition d'une autre étude prise sur le vif.

Elle est composée de : un licencié en droit, un ancien manufacturier, un ex-ténor, un bachelier ès lettres, un marchand de vins, un médecin, un ancien greffier, etc.

Et voilà de pauvres gens qui, pour 4 francs par jour, font de neuf à dix heures de travail de bureau et de quatre à cinq heures de courses, par la pluie ou la neige. Le plus souvent, ils ont le ventre vide !

Nous connaissons un huissier qui a comme clercs : un ancien préfet, un ancien procureur et un ancien commissaire. Pas de commentaires.

Et tous ces hommes, déclassés mais intelligents, qui n'ont que ce métier pour gagner leur vie, sont exploités toujours par l'huissier, homme sans talent et sans capacités, qui n'a qu'un mérite : — avoir su trouver la somme nécessaire pour acheter une étude. Car l'huissier, en somme, n'est que rarement un homme de métier; c'est un ancien principal d'avoué ou de notaire, quelquefois un maçon ou un médecin, — et qui ne songe qu'à une chose : — faire son affaire et amasser une fortune, au détriment des pauvres diables que nous venons de dépeindre, en les exploitant, ainsi que créanciers et débiteurs.

Le législateur, quand il a institué les huissiers, ne se doutait guère que leur corporation pourrait tomber dans de tels excès. Là encore, la chambre de discipline des huissiers est coupable; elle devrait exiger des postulants à la charge d'huissier, un stage sérieux. Pourquoi ne le fait-elle pas? C'est que plus l'huissier reçu est incapable, moins il aura de clients. Bonne affaire pour les confrères!

Avant d'être reçu huissier, on devrait avoir été clerc, deuxième clerc et premier clerc pendant un certain laps de temps. (La loi fixe au moins deux ans.)

Quant à vous, lecteurs, sachez que chacun de

ces clercs qui vous portent le soir une copie, dont le patron touche le bénéfice est une intelligence dévoyée, dont l'huissier profite et abuse, mais, par contre, que c'est presque toujours un honnête homme. Ne vous méprenez pas sur son compte, le clerc d'huissier, quelquefois déguenillé et le ventre creux, un jour d'échéance, porte en sa poche plusieurs milliers de francs, pour un patron ingrat et qui le laisse crever de faim.

CHAPITRE VIII

JUGEMENT. — AGRÉÉ

Que nos lecteurs excusent notre digression sur les clercs ! Nous continuons notre étude et nous abordons le « jugement. »

Du jugement à proprement parler, rien à dire. Toutefois, pour prendre jugement contre son débiteur, le créancier doit ou se présenter en personne ou se faire représenter par un agréé (nous parlons toujours du Tribunal de commerce, réservant le civil pour notre second volume). Or, bien peu de créanciers vont au tribunal ; aussi l'huissier se charge-t-il d'envoyer le dossier à l'agréé pour prendre jugement.

Les créanciers, gens simples et naïfs, croient que c'est pour leur être agréable que l'huissier se charge de ce placement. En cela ils ont bien tort. Rien de plus fructueux, en effet, que ce petit service !

Une présentation d'agréé coûte 4 francs, soit, avec le timbre de quittance de la note, 4 fr. 10. Lorsque la grosse du jugement est levée, il est alloué en plus à l'agréé 3 francs; c'est donc un total de 7 fr. 10. Que fait l'huissier?

Il compte, pour obtention du jugement et agréé 10 fr. 10. Il réalise ainsi un petit bénéfice de 3 francs par jugement ou placement. Si l'huissier place en moyenne dix assignations par semaine, soit cinq cent vingt par an, ou pour vingt ans d'exercice, dix mille quatre cents, le calcul des sommes prélevées de ce chef est de 31,200 francs. A raison de cent cinquante huissiers à Paris, vous voyez qu'on arrive, pour cette seule période au joli total de 4 millions 680,000 francs!

A vous, maintenant, messieurs les créanciers, de voir si vous voulez faire faire le placement par votre huissier et payer à ce dernier 3 francs par dossier!

Notons encore que lorsque la grosse du jugement n'est pas levée, l'agréé ne coûte que 4 fr. 10. Néanmoins il est très rare que l'huissier varie son chiffre de 10 fr. 10.

Vérifiez bien vos notes et surtout faites-les

vérifier par un homme du métier, — vous y ga-
gnerez.

Les frais d'agréé sont à la charge du créancier, mais il n'est pas rare qu'ils soient portés
sur la note du débiteur, — ce qui dans ce cas
fait double emploi. Les commissions qui véri-
fieront pourront s'en rendre compte.

Lorsque le jugement est par défaut, il y a
l'acquiescement qui donne au débiteur vingt-
cinq jours de délai. C'est l'usage constant de
Paris. Se méfier en général de l'acquiescement.
Avant de le signer, il convient de le lire attentivement. On y verra que dans la partie imprimée
il est écrit, que celui qui signe s'engage à reconnaître le jugement comme définitif, à payer
tous les frais, même ceux d'agréé, etc. Nous ne
parlons en ce moment que de l'acquiescement
sous seings-privés, qui coûte 5 fr. 60, soit pour
timbre 0 fr. 60, et pour imprimé 5 francs.

Si le commandement est signifié, l'huissier ne
se contente plus du simple acquiescement sous
seings-privés; il a recours au procès-verbal.
Alors même que le débiteur signe dans son
étude, l'huissier simule une tentative de saisie.
C'est 3 francs de gagnés au prix d'un faux, puis-

que l'acte constate que l'huissier s'est transporté sur les lieux. Mais qu'importe ! la vacation est de 8 francs et c'est, je le répète, d'un profit supérieur de 3 francs à l'acquiescement sous seings-privés, puisqu'il ne rapporte que 5 francs déduction faite du timbre.

Conseil : Quand vous vous présentez chez un huissier pour acquiescer au jugement, c'est-à-dire pour reconnaître que vous devez bien la note, exigez que l'acte soit sous seings-privés, biffez que vous vous engagez à payer les frais d'agréé, ne réglez jamais cet acte de la main à la main, ne le soldez qu'après l'avoir soumis à la taxe, comme tous les autres frais.

Nous expliquerons dans un chapitre ultérieur quels sont les actes que l'huissier fait payer de la main à la main ; on sera édifié.

Enfin quand vous acquittez les frais après jugement, exigez que la note de l'huissier soit ainsi conçue :

Timbre.
Principal.
Dépens liquidés.
Enregistrement du jugement.

Ne payez jamais d'acte préparé — comme cela se pratique trop souvent — ou alors exigez que ces actes vous soient remis, sinon vous vous exposez à ce qu'on vous dise : la signification de jugement est partie ou est faite, et vous devez tout.

N'acceptez jamais de payer une note ainsi conçue :

> Timbre.
> Principal.
> Protêt.
> Assignation.
> Jugement.

Dans ce cas, en effet, les frais ne sont pas taxés et vous payez invariablement, y compris les frais d'agréé, une quinzaine de francs en plus.

Si vous ne devez pas toute la somme réclamée, formez opposition au jugement. S'il s'agit d'un défaut simple, vous avez le temps jusqu'à la vente. Si vous êtes en présence d'un défaut faute de conclure, tenez-vous sur vos gardes, car huit jours après la signification le jugement devient définitif.

D'ailleurs, ceux de nos lecteurs qui ont besoin

d'un conseil n'ont qu'à nous écrire, nous sommes tout à leur disposition.

Beaucoup l'ont déjà fait. J'ai sur mon bureau un véritable monceau de lettres, d'actes et de pièce de procédure, qui établissent, sans conteste, que la campagne que nous poursuivons, en appelant l'attention de la Chambre sur les actes commis par les huissiers, a un caractère d'utilité publique. Toutes ces doléances, qui, fait à noter, émanent autant des créanciers que des débiteurs, seront examinées par des gens du métier et formeront un dossier qui, en temps utile, pourra servir à une interpellation. La Chambre, de qui le pays attend des réformes pratiques, tiendra à honneur de ne pas laisser continuer l'exploitation du misérable, telle quelle est pratiquée par l'huissier. Elle l'a déjà prouvé en agitant la question des protêts.

Un dernier conseil.

Il est préférable, pour le débiteur, de se présenter lui-même au Tribunal de commerce et de lui demander terme et délai s'il doit la somme réclamée. Cela évite toujours les frais de l'acquiescement. S'il y a contestation, il devra demander le renvoi devant un juge.

Cela vaut mieux à tous égards que d'enrichir les huissiers.

Que n'aurions-nous pas à dire sur les actes de la procédure qui précède souvent le jugement : assignation, procédée, etc., etc.? Malheureusement cela serait trop long...

Pourtant, il serait intéressant pour nous et nos lecteurs d'étudier ce que rapportent à l'huissier et à son premier clerc les nombreuses assignations qui sont payées de la main à la main avant de prendre jugement.

Sans doute, cette manière de procéder donne quelque délai aux malheureux débiteurs, mais à quel prix ?

Souvent, pour ne pas dire toujours, c'est au prix de la ruine, et pour le commerçant au prix du déshonneur ; — car pour lui, la ruine c'est la faillite.

Ceux-là qui ont souffert de ces choses nous comprendront.

CHAPITRE IX

Avant d'aborder le commandement et la saisie-exécution, nous croyons utile de parler à nos lecteurs d'une autre saisie. Nous avons nommé la saisie-arrêt ou opposition à deniers.

Nous croyons qu'ils profiteront de notre étude sur cet exploit coûteux et bien souvent inutile — si ce n'est par le profit qu'en retire l'huissier.

Nul n'a le droit de former opposition sur les appointements, les marchandises, courtages, etc., de quelqu'un, s'il n'a un titre.

Les prétendues défenses de payer sont sans cela nulles de plein droit. Ce qui constitue le titre, c'est un acte notarié, un billet ou un jugement, une reconnaissance de dettes, soit sur timbre soit par lettre ou une autorisation du juge.

En tête de l'opposition doit figurer le titre, il doit être timbré et enregistré; enfin l'opposition ou saisie-arrêt, pour être valable, doit être faite conformément à la loi.

Cet acte rapporte gros à l'huissier, car, comme nous l'avons dit plus haut, souvent il frappe à tort et à travers. Nous avons vu, pour une créance de 100 francs litigieuse, mettre jusqu'à cinq oppositions. Chaque opposition coûte 8 fr. 55, la dénonciation 9 fr. 55 et la contre-dénonciation 9 fr. 55, soit au total pour une opposition 27 fr. 65 et pour les cinq 138 fr. 25, voilà donc pour 100 francs 138 fr. 25 de frais, — rien que d'opposition, car nous ne comptons pas ce que le titre a coûté.

Si cette opposition est mise en vertu d'un jugement par défaut, non signifié, pour une dette qui est fictive, le commerçant voit toutes ses rentrées arrêtées. Aussi paye-t-il le plus souvent pour éviter de nuire à son crédit et de ne pas se trouver dans l'impossibilité de faire face à une échéance. Quand un huissier à dix billets et un jugement, il a soin de ne pas agir seulement en vertu du jugement, il donne copie des dix billets. Il compte 0 fr. 50 par « copie d'effet ». Cela fait pour l'original et la copie 10 francs. Alors, comme toujours, le tarif n'accorde à l'huissier que 0 fr. 25 par copie d'effet.

Si nous recherchions sur les répertoires des huissiers combien il y a d'actes comme celui que nous indiquons, nous en trouverions des milliers

La dénonciation de l'opposition doit être faite dans la huitaine; mais allez chez un huissier pour payer et demander la mainlevée de l'opposition, presque toujours la dénonciation est préparée et l'on vous compte la copie des pièces, c'est-à-dire du titre, très largement; nous vous conseillons en ce cas de payer pour avoir votre mainlevée; mais, dès le jour même, d'envoyer la note de frais de l'huissier à la taxe. Tenez pour certain que vous ne perdrez pas votre temps.

Il y aurait pour nos jeunes députés une occasion favorable de se distinguer rien qu'en étudiant la question de la saisie-arrêt. Nous ne pouvons nous empêcher de raconter à ce sujet une anecdote prise sur le vif et qui, malheureusement, n'est pas unique.

Un employé est chassé d'une maison honorable pour indélicatesse; nécessairement il ne touche pas un mois d'indemnité. Il assigne au tribunal son patron; ce dernier ne se dérange même pas, tellement il trouve la demande absurde ; l'employé prend un jugement par défaut et, la veille de l'échéance de ce dernier, il met opposition partout où il sait que son ancien patron a des fonds ; le malheureux transige pour ne pas être protesté.

Dans un état récapitulatif que nous faisons des exploits et que nous publierons ultérieurement, nous ferons ressortir ce que l'huissier gagne avec la saisie-arrêt, ce qu'il doit recevoir légitimement et ce qu'il frustre.

Il y a une autre opposition, qui est intéressante surtout pour le Trésor, c'est celle sur les titres perdus. M. X..., agent de change, ou M. R..., banquier, ont égaré mille actions brésiliennes ou autres. Immédiatement on va chez l'huissier pour mettre opposition sur les titres, au syndicat, etc. C'est fort bien, mais il est une chose que l'huissier, et surtout le receveur de l'enregistrement, ne devraient pas ignorer, c'est que pour mettre opposition sur ces titres on doit payer, s'ils sont étrangers, les droits de timbre et d'enregistrement en France, à l'Etat. On force un pauvre diable à faire enregistrer un effet de 10 francs ; ce n'est rien, mais pourquoi le Trésor, qui a besoin de fonds, n'exige-t-il pas que l'huissier et le receveur mentionnent que les titres énoncés en l'exploit sont timbrés et enregistrés en France ? Pourquoi ne perçoit-on pas, en tout cas, le droit de timbre et d'enregistrement ?

Est-ce parce que l'huissier ne voit que l'appât du gain et s'occupe fort peu de savoir son métier et de frustrer le Trésor ?

Toutes ces questions sont de la plus haute importance et méritent d'être étudiées à fond, car, à l'époque actuelle, n'importe qui va chez un huissier lui déclarer qu'il a perdu tels ou tels titres, et l'opposition est mise sans que l'on s'occupe s'il en est seulement propriétaire.

Pourquoi ne pas exiger le bordereau d'achat ?

Est-ce là l'esprit de la loi ?

Cette opposition sur les titres variant, l'huissier gratte le plus possible, suivant son habitude; c'est ainsi qu'il compte vacation au syndicat, 2 francs, visa 1 franc, etc.

Plus nous allons avant dans cette étude, plus nous nous apercevons qu'il faut établir le contrôle sévère qui manque totalement à l'époque actuelle pour MM. les huissiers.

Il y a lieu enfin de fixer un tarif uniforme et

de forcer les huissiers à l'afficher dans leur étude, comme toutes les grandes Compagnies affichent le leur.

Du jour où l'huissier sera forcé d'avoir dans son étude un tableau contenant le tarif de tous ses actes, il ne pourra plus compter de l'excédent ; mais il faut que ce tarif soit une véritable garantie de probité, c'est-à-dire qu'il soit timbré, enregistré et visé par le ministre de la Justice et par celui des Finances. Un tarif à la portée de tous, — voilà le remède !

CHAPITRE X

MM. les receveurs laissent passer souvent pour ne pas dire toujours, sans contestation, les saisies-arrêts que forment les huissiers.

Pourtant si nous examinons froidement et impartialement la question, nous trouvons qu'à une époque où les finances de l'État sont à court, c'est un tort grave de laisser passer des saisies-arrêts conçues comme celle-ci par exemple :

« En vertu du billet suscopié, j'ai fait dé-
« fense expresse au susnommé de se dessaisir
« de toutes les sommes qu'il doit ou pourra
« devoir à M. X... à quelque titre que ce soit,
« et ce pour avoir payement de la somme de
« 500 francs, montant du titre suscopié et de
« celle de 10,000 francs dus pour autre cause. »

Ou le débiteur doit 500 francs ou il en doit

10,000 ; pourquoi ne pas énoncer en vertu de quel titre il doit ces 10,000 derniers francs, si ce n'est pour frustrer le Trésor de l'enregistrement d'un titre de 10,000 francs ?

En tout cas, à notre avis, une saisie-arrêt ainsi conçue ne frappe que le montant du titre énoncé.

Il y a un autre abus.

Exemple :

M. X... me doit 10,000 francs ; je forme opposition sur M. Z... pour avoir payement de cette somme, en vertu d'une reconnaissance de dettes que j'ai entre les mains ; le Trésor percevra pour enregistrement du titre : 125 francs.

Voici donc une saisie-arrêt qui va me coûter :

Enregistrement du titre........	125 »
Saisie-arrêt..................	8 55
Dénonciation.................	9 55
Contre-dénonciation..........	9 55
Soit au total...	152 65

Et ce, en vertu d'une dette reconnue.

Eh bien ! supposez que je mette la reconnaissance de dette dans ma poche, que je fasse par avoué présenter requête au président du tribunal pour mettre ma saisie-arrêt, ; je n'ai par conséquent plus de titre et mon opposition coûtera :

Requête et ordonnance........	9 55
Saisie-arrêt..................	9 55
Dénonciation.................	9 55
Contre-dénonciation..........	9 55
Soit au total...	38 20

Soit, un bénéfice réel de 115 fr. 45 pour moi. A quoi donc sert la reconnaissance de dette en matière de saisies-arrêts? Est-ce à faire des frais? Est-ce donc enfin le vœu du législateur qu'une reconnaissance sur timbre entraîne à plus de frais qu'une simple présomption de dettes?

Il y a là non pas une lacune, mais une fausse interprétation de la loi.

Quand l'avoué présente requête, il doit fournir à l'appui de sa demande des pièces enregistrées ; le Trésor doit percevoir. Si ces sommes rentraient au Trésor, il y aurait une plus-value budgétaire énorme et l'on pourrait diminuer d'autres impôts. Seulement l'huissier ne pourrait plus compter d'honoraires, sous le fallacieux prétexte qu'il a évité à son client 100 francs ou

200 francs de frais et d'amendes, — et ce en frustrant l'Etat, c'est-à-dire tout le monde.

Nous ne pouvons admettre que MM. les receveurs de l'Enregistrement se prêtent à ces manœuvres; nous préférons croire qu'ils sont abusés et nous leur signalons le fait.

En cela comme en toutes choses, nous parlons preuves en main.

CHAPITRE XI

Cette « Question des Huissiers » est tellement intéressante qu'elle nous a fait recevoir un grand nombre de lettres ; voici les plus intéressantes avec leurs réponses respectives.

Commençons par la plus longue — quatre pages de papier écolier. — Elle est signée : Louet, 125, rue d'Alésia. Comme c'est la seule qui s'élève contre notre campagne, nous lui faisons l'honneur de la mettre en tête.

Le verbiage de M. Louet a pris des proportions telles que nous devons nous borner à l'analyser soigneusement et scrupuleusement. Notre correspondant commence par nous dire que ce ne peut être qu'un ex-praticien « dans la panne » (nous respectons le style) qui nous dicte nos articles, — que tous les renseignements que nous

publions sont erronés, — qu'il y a, parmi les huissiers, d'honnêtes gens, — que l'huissier, en omet-
tant de laisser la copie pour le protêt, agit en
galant homme et pour le plus grand bien des
protestés, car il leur évite les ennuis de s'atta-
bler chez eux avec un clerc pour rédiger son
exploit, — qu'au surplus cela a été admis par le
parquet et les chambres de commerce, — que
nous indiquons un mal sans remède; — qu'il
en est de même pour les assignations, du moins
en ce qui concerne la pose des copies, attendu
que l'on ne peut remplir sur place le *parlant
à*, etc. Enfin M. Louet nous demande de reconnaître que notre étude sur les huissiers est erro-
née. Nous répondons à M. Louet :

1° Que ce qui serait stupide et grotesque, ce
serait de continuer à se laisser dépouiller par
les huissiers, sans tout au moins protester ;

2° Que personne ne nous dicte nos articles;

3° Que tous les renseignements que nous donnons sont exacts ;

4° Qu'il y a sans doute d'honnêtes gens parmi
les huissiers, mais que leur probité ne les em-
pêche pas de grossir leurs mémoires ;

5° Que nous admettons volontiers que l'huissier ne puisse s'installer chez le débiteur, pour rédiger son acte de protêt, mais qu'on doit tout au moins exiger de lui qu'il se présente en personne ; que si c'est impossible, il serait élémentaire qu'il eût des clercs propres et convenables, — ce qui arriverait sûrement s'il les payait convenablement et s'ils étaient assermentés ; — que l'huissier ne faisant pas de copie par suite d'une tolérance inexplicable, les frais du protêt devraient être diminués d'autant ; — qu'en tout cas, l'huissier a tort de grossir la copie du protêt en la doublant ; — que nous avons été très doux en ne parlant pas de ce que l'huissier gratte sur le protêt avec traduction, intervention, etc. ;

6° Que pour les assignations le « *parlant à* » pourrait être fait correctement et l'acte signifié avec plus de tact ;

7° Que nous sommes en mesure d'indiquer le remède qui est bien simple : que les huissiers payent leurs clercs convenablement ; qu'ils donnent les courses en temps utile ; que les clercs soient assermentés et aient le droit de professer ; qu'enfin il y ait un tarif uniforme établi en proportion du travail que l'huissier fait.

Cela dit, passons à des choses plus sérieuses et répondons aux nombreux correspondants qui nous déclarent avoir été victimes de la rapacité des huissiers.

A. — M. Charles Nathan, fabricant de bijouterie-joaillerie, nous écrit :

J'ai remis, le 1er mars dernier, à M. X..., huissier, une traite qui m'avait été donnée en payement, et était revenue impayée de Marseille, protêt compris, 512 francs, pour en effectuer l'encaissement. Après une simple assignation, la traite a été payée. L'huissier me réclame, pour honoraires, frais d'étude, etc.,. 30 francs, soit 6 pour 100. Je me suis adressé au syndic de la Chambre, lequel nous a renvoyé devant un de ses confrères qui, naturellement, donne raison audit huissier. Inclus la lettre d'avis. M. X... allègue que son confrère des Bouches-du-Rhône ayant retenu 3 pour 100, il doit lui en revenir autant. Inutile, je pense, de m'étendre davantage sur ce sujet.

Je pourrais m'adresser au Parquet, mais outre que j'ai des chances de voir ma plainte repoussée, j'attendrais peut-être un mois ou six semaines avant d'avoir une solution. Comme toute peine mérite salaire, j'ai consenti 3 pour 100; il me semble que c'était suffisant.

Cette question d'honoraires mérite d'attirer votre attention; la loi n'ayant pas fixé de taux légal, ces messieurs en prennent à leur aise. J'ai déjà eu pour le même sujet un différend, lequel, naturellement, a été tranché par le syndic des huissiers au profit de son confrère.

Veuillez excuser, monsieur, la liberté que j'ai prise en m'adressant à vous. Je crois agir dans l'intérêt général.

RÉPONSE. — Votre tort, mon cher correspondant, a été de remettre une traite de 512 francs sur la province à un huissier de Paris. Vous auriez dû envoyer directement la traite à l'huissier du pays. La Chambre syndicale des huissiers de Paris a eu raison — une fois n'est pas coutume — d'allouer 3 pour 100 à l'huissier de Paris, car s'il n'a pas fait d'actes il a été obligé de correspondre avec son correspondant pour recouvrer la somme. Par contre, c'est à tort que l'huissier de province a retenu 3 pour 100 d'honoraires. Il a été payé par les actes qu'il a faits. Cela revient à dire que vous aviez raison de ne vouloir payer que 3 pour 100.

A ce propos, nous faisons remarquer qu'il n'est dû à l'huissier ni honoraires, ni frais d'encaissement ; quand il sert d'intermédiaire avec un huissier de province, il lui est seulement dû des frais de correspondance.

B. — M. P. M..., architecte rue d'Assas, nous écrit une lettre, dont nous extrayons les passages suivants.

J'avais une maîtresse vivant maritalement avec moi ; le 20 décembre 89 survint une rupture définitive et je partis en Dauphiné. Elle partit ailleurs.

Je reçus, le 10 janvier, un avis de ma propriétaire m'annonçant que tout était saisi chez moi.

Je revins à la hâte et j'appris qu'un sieur Z..., huissier, agissant contre Mlle X..., mon ex-maîtresse, s'était présenté, suivi du commissaire de police de la rue des Saint-Pères, et avait fait ouvrir ma porte, malgré les protestations de ma propriétaire, affirmant que j'étais seul locataire, pour procéder à la saisie.

J'ai dû recourir à un avoué pour faire mettre opposition à la saisie par voie de référé (coût 47 fr. 35), et je n'ai aucune action contre cet huissier qui s'est trompé sciemment !

Je puis agir, non contre lui, mais contre son client, *qui est insolvable.*

En résumé, l'on a violé mon domicile, j'ai abandonné les affaires qui m'occupaient loin de Paris, payé 140 francs de voyage plus 47 fr. 35 à un avoué, et n'ai même pas la satisfaction de gifler ce monsieur : il est huissier ! C'est raide !

Aussi, veuillez me croire de cœur avec vous dans cette campagne, etc., etc.

Réponse. — Votre domicile a été violé par un huissier qui, dites-vous, est venu faire ouvrir votre porte et pratiquer une saisie pour une dette incombant à votre ex-maîtresse. Eh bien, vous avez recours contre l'huissier : si l'on vous a dit le contraire, c'est un tort; portez plainte au Parquet.

C. — De M. D...., boulevard de Strasbourg :

Ma femme avait introduit une instance en divorce. Je m'absente de Paris pendant quatre mois. Je me laisse condamner par défaut. L'huissier Z..., rue... laissa, pendant un laps de temps prolongé, une copie de l'acte me condamnant, sans avoir soin de la mettre sous enveloppe. Pendant des mois, elle a traîné dans la loge de la concierge. Et je vous avoue que j'y étais traité de la belle manière. Comment se fait-il que je sois poursuivi, moi, simple particulier, pour une carte postale diffamatoire, et que l'huissier ne tombe pas sous le coup de la loi en semblable occurrence ?

Réponse. — L'assignation en divorce devait vous être signifiée sous enveloppe. En tout cas, puisque vous étiez absent de Paris, ce n'est pas au concierge que l'on devait remettre l'exploit, mais à la mairie.

D. — A. M. Li..., ingénieur. — Les taxes que vous m'adressez ne sont pas conformes, parce que les frais ont été taxés par des juges différents. Quand vous aurez payé la créance, il y aura peut-être lieu de vous pourvoir contre la taxe. En tout cas, ce qui vous arrive confirme nos articles, un tarif universel et unique.

E. — Voici enfin une lettre de M. G. Deglos, pharmacien de première classe, 38, boulevard Montparnasse.

Monsieur, voulez-vous me permettre de vous adresser mes bien vives félicitations pour la campagne que vous entreprenez contre les huissiers.

Voulez-vous me permettre également de vous donner un exemple de la manière dont certains de ces officiers ministériels remplissent les devoirs de leur charge? Je serai aussi bref que possible.

Effet tiré sur moi à fin novembre dernier, à une adresse inexacte, *134*, boulevard Montparnasse. J'habite au 38, ou du moins ma pharmacie est au 38.

Effet protesté au 134 — ce qui serait légitime —

mais avec ce motif de protêt : .....où *parlant à sa femme ainsi déclaré...* laquelle a répondu que le *susnommé, sorti, n'a laissé aucun fonds.*

Or, je n'ai pas d'homonyme au 134 — il n'y a pas de pharmacie; — ma « femme ne vient jamais à ma maison de commerce et n'était même pas à Paris à ce moment-là. »

Il est donc bien certain que ni l'huissier lui-même (comme c'est son devoir), ni son représentant, ne se sont présentés à l'adresse indiquée. Le motif du protêt est donc inventé de toutes pièces.

J'ai porté plainte au procureur de la République contre cet huissier. Un membre de la Chambre des huissiers, désigné à cet effet par le président, m'a convoqué avec l'huissier. Ce dernier n'est même pas venu.

Je ne demandais aucune réparation pécuniaire, mais une lettre d'excuses. — J'attends toujours.

Il est vrai que ces messieurs ne se dévorent pas entre eux, etc., etc...

P.-S. — Si, à titre de document pour votre campagne, vous désirez l'effet et le protêt, je m'empresserai de vous les faire parvenir.

La suite de notre ouvrage donnera plus ample satisfaction à nos correspondants; mais, avant de continuer cette étude, nous donnons d'une façon générale le conseil à nos lecteurs de ne jamais payer si l'huissier ne leur rend pas l'original de la taxe ; cet original leur appartient. Il est payé : timbre, 0,60 ; enregistrement, 3,75. Pourquoi l'huissier refuse-t-il de le remettre à celui qui paye? C'est parce qu'il ne veut pas que l'on puisse se rendre compte des justes réductions du juge, lesquelles s'élèvent quelquefois à 30 pour 100 des frais demandés.

Pour un officier ministériel, comment cela s'appelle-t-il?

CHAPITRE XII

DE LA SAISIE

Enfin, nous abordons cet exploit fameux où l'huissier se couvre de lauriers ! Nous voulons parler de la saisie-exécution....

Etudions d'abord comment on opère, suivant la qualité du débiteur, ou plutôt selon sa générosité.

Si l'on a affaire à un homme ayant la pièce de cent sous facile, la saisie a lieu à l'étude. Cet homme généreux apporte lui-même l'état *approximatif* de son mobilier et signe la saisie. L'huissier lui fait une visite et lui apporte sa copie; très souvent même il se contente de lui envoyer cette copie sous enveloppe. C'est ce qu'on peut appeler la saisie amiable.

Il y a ensuite la saisie-carence, c'est-à-dire celle qui constate que le débiteur ne possède rien dans les lieux qu'il habite et qu'il y demeure sous le couvert de sa belle-mère, de sa femme ou de sa maîtresse.

Dans ce cas, le débiteur, s'il a su se ménager au préalable les bonnes grâces de l'huissier, se contente d'apporter un bail enregistré, à l'étude. L'huissier mentionne que M. X... ne possède rien dans les lieux qu'il habite, qu'il a recherché les effets personnels sans en trouver aucun, et qu'il s'est retiré en faisant toutes protestations et réserves au nom du requérant. C'est le procès-verbal de carence.

La saisie légale est celle qui est opérée à domicile par l'huissier en personne, flanqué de deux praticiens, au su et au vu de tout le monde. C'est la saisie brutale contre un débiteur qui ne possède plus rien ou qui ignore qu'il y a des accommodements, même avec les huissiers, alors que les autres saisies sont des opérations discrètes dans lesquelles tout s'arrange au mieux du débiteur et de l'huissier, sur le dos du créancier.

La loi veut-elle qu'il y ait ainsi, au gré de MM. les huissiers, deux poids et deux mesures ?

Nous citerons enfin la saisie extraordinaire, avec l'aide de la force armée. Le commissaire de police y assiste ceint de son écharpe. L'huissier devrait bien aussi l'opérer avec le costume de l'emploi, — costume démodé peut-être, mais plutôt gai.

La saisie-gagerie, faite pour le compte du propriétaire, n'est pas des moins intéressantes à étudier. Nous y reviendrons et nous parlerons en même temps du cas où un serrurier est appelé à ouvrir les portes. La saisie avec concours du serrurier est quelquefois pleine de surprises, et quand nous la traiterons, M. M..., architecte, qui nous a envoyé une lettre, y trouvera son cas expliqué.

Détail à signaler, à l'encontre de certain photographe connu, l'huissier n'opère pas toujours lui-même. L'huissier chic, l'huissier homme du monde, fait pratiquer les saisies par un confrère moins *select*, mais ce dernier lui fait une remise de 3 francs pour chaque opération.

Que d'anecdotes à raconter sur la saisie ! Nous n'en finirions pas si nous voulions toutes les écrire. Donnons toutefois la suivante qui peint bien l'huissier Z...

Cet officier ministériel — soyons aimable — était chargé de poursuivre le recōuvrement d'un effet sur un sieur M..., tapissier. Ce dernier, jeune homme débutant dans les affaires, avait eu quelques faillites parmi ses clients et se trouvait lui-même en état de cessation de payement. Le créancier avait eu soin de faire avaliser le billet par la mère du sieur M.... Cette pauvre femme, septuagénaire, avait tout vendu pour sauver son fils de la faillite. Cependant, comme il restait encore à payer une centaine de francs sur l'effet, M. Z... se présenta pour saisir. Opération minutieuse s'il en fut! Tout fut consigné. Seul un vieux bahut n'avait pas été visité; l'huissier exigea qu'on l'ouvrit. A l'intérieur, se trouvait une seule paire de drap : « la seule qui me reste, s'écria la pauvre femme, je la garde pour me faire ensevelir »! — M⁰ Z..., se tournant roidement vers ses clercs : — Inscrivez, dit-il :

— Une paire de draps en cours d'usage.

Est-ce assez écœurant ?

Il y a quelques huissiers, tels que M. Y... — soyons discrets — qui ont la spécialité des femmes galantes.

Si celle qu'il est chargé de saisir est gentille,

s'il la trouve à son goût, il renvoie ses deux clercs; il opère lui-même — et seul. Cela lui est arrivé notamment un jour, rue du Cirque; mais, le soir, de retour à son étude, il ne trouva plus le dossier relatif à l'affaire. Pendant qu'il inventoriait dans la chambre à coucher en présence de la maîtresse, la soubrette allégeait sa serviette.

Nous en passons, et des plus piquantes, voulant démontrer avant tout que les huissiers font des gains illicites et que leur manière de procéder est très souvent en contradiction avec la loi.

Nous ne blâmons pas l'huissier qui, pour éviter un esclandre, fait la saisie dans son étude, s'il va ensuite contrôler, par lui-même, l'exactitude des déclarations du débiteur; mais nous lui reprochons de faire la saisie sans se déranger et de constater ensuite qu'il s'est rendu telle rue, tel numéro, avec MM. X... et Y... comme témoins. A nos lecteurs de donner un nom à de pareilles assertions.

Nous reprochons à l'huissier de faire un procès-verbal de carence en son étude avec un bail qu'on lui apporte. En ne le faisant pas sur place et en constatant le contraire sur son acte, il frustre le créancier dont nous prenons la défense aussi bien que celle du débiteur. L'huissier est payé pour faire un métier, pour remplir une mission si l'on préfère, conformément à la loi et non pas en violation de la loi qu'il n'a pas à commenter. Il doit traiter tous les débiteurs avec la même impartialité et ne jamais avoir deux poids et deux mesures.

***

Abordons maintenant le coût de l'acte :

Procès-verbal..............	8 »
Timbre	1 20
Enregistrement............	3 75
Total..........	12 95

Voilà ce que coûte une saisie ordinaire; l'huissier ne doit compter rien de plus.

Avec la présence du commissaire de police, c'est 5 francs en supplément pour ce magistrat; pour le serrurier, exiger la note.

Nous conseillons aux personnes qui ont des saisies à payer de ne jamais acquitter les vacations au commissariat de police ou réquisitions, les vacations chez le serrurier, etc...

Quand la saisie est pratiquée dans la banlieue, le transport de l'huissier est dû, mais en aucun cas celui des témoins. Nous expliquerons à l'article transport, quand le transport est dû.

*
* *

Nous donnons en ce chapitre, à titre de document, une note d'huissier pour arriver au payement de 54 francs de principal. L'affaire se passe en justice de paix.

Dépens........................	14 65
Grosse........................	13 83
Signification...................	7 80
Acquiescement..	5 60
Commandement...............	7 55
Saisie........................	13 05
Sommation 1er saisissant......	7 55
Affiches......................	22 45
Récolement...................	13 45
Total......	105 93

En ce moment, nous parlons pièces en main. Voilà donc 105 fr. 93 de frais pour une créance à recouvrer de 54 francs, et nous ne comptons pas les frais du commissaire-priseur.

Cette note aurait été encore grossie si l'on avait pu aller en référé; mais la chose est impossible au-dessous de 100 francs.

Dans tous les cas, pour une créance de justice de paix, l'acquiescement était inutile, soit 5 fr. 60; le récolement ne devait coûter que 10 fr. 85; quant au prix des affiches, nous expliquerons en temps et lieu de combien il est majoré.

Est-ce assez concluant? Des réformes et un tarif suivi, — voilà ce que nous réclamons.

Nous publions également, à titre de document, la lettre suivante, de M. Seguy, 5, rue Saint-Paul.

... J'ai remis à M. X., huissier, rue... (1), m'écrit mon honorable correspondant, un jugement que j'avais précédemment retiré de chez un agréé, après avoir réglé entre ses mains les frais et les débours,

---

(1) Le nom et l'adresse de l'huissier sont écrits en toutes lettres dans cette lettre, comme dans toutes celles que je reçois. Si je ne les cite pas, c'est que je combats une institution et me refuse à faire des personnalités. Mais si la Chambre des huissiers mettait en doute ce que j'avance,

avec invitation à cet officier ministériel d'opérer près de ma débitrice le recouvrement de la somme des frais taxés, montant à 142 francs, frais qu j'avais avancés à l'agréé.

Le recouvement n'ayant pu avoir lieu, par la faute de cet huissier, en raison de ses complaisances intimes pour ma jeune débitrice, je devenais par ces motifs moi-même débiteur des frais de poursuite effectués dans cette occasion et s'élevant à la somme de 68 francs.

Mais au lieu de me faire payer cette somme par la voie ordinaire, il m'envoya commandement et me fit saisir; de telle sorte que, pour échapper à ses poursuites, j'allai en référé et M. le président renvoya l'affaire au principal, en raison des illégalités que je lui ai soumises.

En même temps, j'adressai une plainte à la Chambre syndicale, le 17 mars dernier; mais, ainsi que l'on dit, il existe probablement des accommodements entre ces messieurs de la Chambre... Je vous donne ces détails afin que vous puissiez en faire usage dans votre juste polémique. Je dispose, d'ailleurs, de toutes les preuves de ce que j'avance.

Signé : SEGUY,
5, rue Saint-Paul.

je tiens à sa disposition les pièces et les documents, dans toutes les affaires que j'invoque. Car, fait à noter, aucune lettre anonyme n'est venue dénoncer des faits scandaleux; toutes sont signées de noms honorables, qu'on m'autorise le plus souvent à publier.

On voit que la lettre de M. Seguy confirme en tous points mes dires.

A la place de M. Seguy, les faits étant tels qu'il les signale, je demanderais une audience à M. le procureur de la République et lui exposerais les faits, preuves en mains.

Une chose nous frappe dans les différentes pièces que M. Seguy nous a confiées. Les frais taxés, avant qu'il ne rembourse, portent le procès-verbal d'affiches à 26 fr. 05; dans la deuxième taxe que fait faire l'huissier X... ce même procès-verbal est taxé par un autre juge à 24 fr. 05 soit une différence de 2 francs.

C'est le cas de rappeler encore une fois que le tarif de 1807 devrait être appliqué d'une manière rigoureuse. Il n'y aurait pas alors autant de prix que d'huissiers, et MM. les juges s'en rapportant à ce tarif auraient des notes de frais uniformes.

Dans une autre taxe que nous avons en mains, le juge compte le procès-verbal de saisie à 11 fr. 05, c'est-à-dire qu'il ne fixe la vacation qu'à 6 francs au lieu de 8 francs. Les autres juges passent le procès-verbal de saisie à 13 fr. 05. Il faut faire observer le tarif, que diable !... Et puisque per-

sonne ne le connaît, nous le publierons à la fin
de ce volume, pour l'édification des plaideurs,
qui nous demandent de tous côtés des renseignements à ce sujet.

Nous pourrons au besoin envoyer à MM. les
huissiers un exemplaire de ce tarif pour l'afficher
dans leurs études et un autre exemplaire à
MM. les juges taxateurs. Un architecte qui
vérifie un mémoire le fait toujours tarif en
mains:

Je disais plus haut que j'avais reçu de nombreuses demandes de renseignements. Voici,
par exemple, une lettre de M. Isely, 126, rue
Notre-Dame-des-Champs :

Paris, 11 avril 1890.

Monsieur,

J'ai lu votre étude sur les huissiers.

Mais où peut-on, et où faut-il s'adresser pour faire
vérifier du papier d'huissier, tout comme on fait
vérifier un mémoire par un architecte ?

Dans l'espoir, etc.

Pour faire vérifier le mémoire de l'huissier,
copier sa note sur une feuille de timbre à 0 fr. 60,

écrire au bas : « bon pour réquisition de taxe, » signer en mettant son adresse, annexer cette note à tout le dossier et le porter au Palais de Justice, bureau de la taxe.

Nous conseillons, quand on envoie un dossier à la taxe, d'y joindre une lettre exposant comment les faits se sont passés, quels actes on a payés de la main à la main, à quel prix on a obtenu du délai; enfin, si l'on est poursuivant, de relater les instructions que l'on a données à son huissier. Le juge taxateur fera de tout cela son affaire.

Un dernier mot et un petit souvenir personnel pour terminer ce chapitre. Il n'y a pas de honte à avouer qu'on n'a pas toujours pu éviter certaines difficultés inhérentes à la vie des gens peu fortunés. Comme tous ces derniers, j'ai été, aux rudes heures du début, la proie des huissiers. Or, l'un d'eux me poursuivit avec acharnement, pour une dette peu importante d'ailleurs, et comme il savait que je payerais toujours, les frais s'ajoutaient aux frais. Pourtant, on ne m'exécutait pas : les huissiers n'exécutent pas les gens qui sont pour eux d'un bon rapport. On m'indiquait toujours un nouveau moyen coûteux d'atermoiement, puis on procédait par voie d'acompte.

Or, ce n'était pas seulement l'huissier qui me demandait de l'argent — cela n'eût été que légal — mais son clerc. Presque chaque matin, le susdit clerc se présentait chez moi ; je lui donnais 10 francs de la main à la main — et je gagnais ainsi vingt-quatre heures. A coups de pièces de 10 francs données presque quotidiennement, je gagnai une année environ.

Les frais couraient d'ailleurs toujours à l'étude. Jugement, signification de vente, référé, opposition et dénonciation d'opposition de tous côtés... Ah! on ne s'embêta pas, comme on dit vulgairement, dans l'étude, avec cette malheureuse petite dette. Patrons, employés, tout le monde y trouva son compte.

Enfin, las, un soir, des exigences du clerc, la procédure suivant son train coûteux, je le répète — et me laissant toujours débiteur malgré mes versements — je résolus de tout faire connaître à l'huissier, préférant la vente même à une double exploitation aussi ruineuse. J'estime, en effet, que par pièces de 10 fr., j'avais bien donné au clerc seul, plusieurs fois ce que je devais...

L'huissier, je m'empresse de lui rendre cette justice, congédia le clerc. Il m'écrivit même une lettre à ce sujet, mais quant à me tenir compte de l'abus commis chez lui, par son propre représentant, il n'en fut jamais question.

Or, cet huissier dont je n'avais plus entendu parler depuis bien longtemps, a déterré une note remontant à plus de deux ans et qui se décompose ainsi :

```
Principal restant dû...........   202   »
Frais selon débit.............   118  30
                                 ──────
                                 320  30
Reçu........................   180   »
                                 ──────
                      Reste dû   140  30
```

J'ose dire que ma campagne contre les huissiers n'est pas étrangère à la présentation de cette petite note. J'en suis ravi, car cela prouve que j'ai touché juste. Inutile de dire que j'ai payé ce qu'on me réclamait.

C'est égal, avouons que l'anecdote est amusante : j'avais promis de ne mêler aucun souvenir personnel à cette étude qui, pour n'être pas suspecte de partialité, doit porter sur des faits auxquels je suis étranger. Mais cet huissier est vraiment trop gai pour que je ne lui donne pas la satisfaction de raconter son « exploit ».

CHAPITRE XIII

Afin de reposer nos lecteurs des écœurements de la saisie, nous publions les plus intéressantes lettres que nous avons reçues au moment où nos articles paraissaient dans l'*Écho de Paris*.

Un de nos correspondants nous fait remarquer que nous attaquons la saisie avant d'avoir parlé de la sommation et de la citation; nous réservons les actes au civil pour notre second volume.

Nous prenons en considération les renseignements qui nous sont donnés par un « Vieux praticien » et dans un chapitre prochain nous développerons l'assignation au commerce en vertu de conventions verbales. Nous expliquerons, suivant les données que nous avons recueillies, que ces assignations frustrent le Trésor de plusieurs millions par an, que ces conventions verbales sont imaginées par les huissiers pour ne pas payer des droits sur des sommes fantastiques et que MM. les receveurs, quand il n'y a pas titre enregistré, devraient percevoir les droits.

Nous consacrerons un chapitre à ces assignations verbales, donnant les preuves à l'appui de nos dires et expliquant pourquoi l'huissier se sert de conventions verbales.

Nous n'avons pas pour habitude de répondre aux lettres incomplètement signées; pourtant nous répondrons à M. D., 14, rue Saint-Georges, à Rennes, et, cela parce qu'il croit devoir réfuter nos assertions.

M. D... appartient à la province et ne connaît pas les habitudes de Paris. Nous le voyons bien quand il critique notre manière d'expliquer l'acquiescement. Il nous écrit : « Vous dites : l'acquiescement coûte 5 fr. 60, soit, 5 francs à l'huissier et 0 fr. 60 de timbre. Vous oubliez l'enregistrement. » Vous ignorez, monsieur que lorsque un acquiescement est enregistré il coûte, à Paris, 9 fr. 35. Nous ne répondrons pas à vos observations sur l'agréé. C'est un tissu d'erreurs.

Voici une lettre de M. Bénédictus, 7, passage Saulnier :

Depuis quelque temps je suis attentivement vos études sur MM. les huissiers.

Ayant en ce moment un procès à soutenir, je me permets de m'adresser à vous et de vous fournir un sujet d'actualité.

Voulez-vous communiquer à vos lecteurs comment un huissier est arrivé par un *faux* à saisir chez ma. femme, demeurant chez elle, mariée sous le régime de la séparation absolue, et cela pour un principal de 24 francs — que j'ai depuis longtemps payé, — et comment ce même huissier a trouvé moyen de pousser les frais jusqu'à 180 francs à peu près, pour une affaire qui me regarde personnellement et dans laquelle ma femme n'a rien à voir ?

Un de ces jours on va vendre un vieux canapé et deux fauteuils. — Inutile de vous dire que je me suis arrangé pour que ce vautour ne touche absolument rien, et que ce sera moi qui rachèterai.

J'ai saisi mon ambassadeur de l'affaire, étant Hollandais, et l'avocat de la chancellerie a adressé une note virulente au gouvernement qui n'en peut mais. — Il m'assure que ma femme obtiendra des dommages-intérêts.

Au cas où cette affaire vous intéresserait, je puis vous donner tout le dossier. Je vous autorise même à publier mon nom, etc., etc.

Agréez, monsieur, mes salutations sincères.

H. BÉNÉDICTUS.

La lettre de M. Bénédictus, que nous publions ci-dessus, vaut la peine d'être citée.

Voici encore une lettre de M. L. Garnery, 26, rue de l'Entrepôt :

Monsieur,

Veuillez pardonner, je vous en prie, à l'audacieuse démarche qu'auprès de vous je tente.

Par la maladresse avérée d'un commis de fournisseur, je reçois, avec stupéfaction, la dénonciation de protêt d'un huissier, me sommant d'avoir à comparaître, vendredi prochain, à l'audience du Tribunal de commerce, moi qui jamais n'ai eu un protêt.

Cet huissier a laissé copie de ce protêt à mon concierge, et a eu le toupet de mettre « parlant à une femme à mon service ».

Que dois-je et que puis-je faire ?

Je vous serai reconnaissant, au possible, de me donner un conseil.

Veuillez agréez, etc.

GARNERY.

Hélas, dans les circonstances actuelles, nous ne pouvons conseiller à M. Garnery qu'une chose : payer, même les frais.

Mais, ensuite, qu'il adresse une plainte motivée à M. le procureur de la République.

L'espace nous manque pour publier en leur

entier les lettres de divers correspondants, principalement celle de M. Decœur, à Lagny; ce sera pour le prochain chapitre.

Continuons, en attendant, notre étude sur la saisie-exécution.

Dans un précédent chapitre, nous avons bien expliqué ce que c'est qu'une saisie amiable. Eh bien ! dans ce cas, l'huissier est en contradiction formelle avec la loi, car il doit se transporter sur les lieux. L'article 585 du code de procédure dit que l'huissier sera assisté de deux témoins français, majeurs, qui ne pourront être ni parents ni alliés des parties, de l'huissier, jusqu'au degré de cousin issu de germain inclusivement, ni leurs domestiques; il énoncera sur le procès-verbal leurs noms, professions et demeure; les témoins signeront l'original et les copies.

Examinons un peu cet article du Code, après nous être inspiré des principaux commentateurs du législateur.

Croyez-vous que l'huissier se conforme a la volonté du législateur, en prenant comme témoins ses deux clercs, parfois mineurs et souvent non-électeurs ?

Pensez-vous que ces employés subalternes ne puissent être considérés comme domestiques de l'huissier?

Estimez-vous enfin que l'huissier soit correct en leur donnant comme domicile son étude?

Adressez-vous à un avocat à la Cour de cassation et demandez-lui son avis. Pour nous, l'huissier, comme toujours, n'a cure de la loi; il s'occupe seulement de toucher son procès-verbal.

Nous avons donné le coût exact d'une saisie ordinaire, donnons donc celui d'une saisie extraordinaire :

Procès-verbal..............Fr.	8 »
Timbre........................	1 20
Enregistrement.................	3 75
Commissaire de police.........	5 »
Vacation pour requérir le commissaire de police...........	2 »
Serrurier.....................	2 »
Vacation chez le serrurier.......	2 »
2ᵉ et 3ᵉ vacation de l'huissier....	10 »
Répertoire....................	» 10
Total..........	34 05

Que dites-vous des vacations ?

Après ce petit mémoire, disons, avec Rabelais :

— Tirez le rideau, la farce est jouée !

CHAPITRE XIV

LETTRE DE M. DECŒUR, A LAGNY, ET COMMENTAIRES SUR CETTE LETTRE

Nous avons fait allusion, dans notre précédent chapitre, à une lettre de M. Decœur, de Lagny. Cette lettre, que nous publions intégralement, nous donne une fois de plus raison :

... Cette réforme (dit mon correspondant en parlant de celle qui s'impose quant aux agissements des huissiers), cette réforme est tellement dans les besoins et dans les aspirations de tous, que dix filous, organisés en bande, ont pu extorquer 20,000 francs sur la promesse d'obtenir la revision et la diminution des frais de justice (voir aux *Nouvelles diverses* du *Figaro* du mercredi 2 avril 1890).

Il ne suffit pas de signaler les abus, les exactions; il faut les supprimer.

J'ai certainement contribué à provoquer le décret *illusoire* que le gouvernement vient de rendre sur le notariat à la demande de la Chambre de Paris, que j'ai mise en demeure d'intervenir il y a dix-huit mois.

G.

J'ai sollicité, avant la presse, l'arrivée des exploits par la poste. Vous en comprendrez facilement la raison.

Le crédit est le soutien du commerce et chose très précieuse. On l'a comparé à un ballon gonflé d'air auquel la plus légère piqûre donne la mort.

A Paris, le crédit est à la discrétion d'un concierge.

En province, quand un huissier est venu plusieurs fois de suite chez un débiteur, cet homme est perdu. Les âmes charitables se livrent à mille suppositions plus nuisibles les unes que les autres.

Je ne sais si la remise, à un concierge, d'une copie d'exploit est valable. Le concierge n'est pas le serviteur du locataire, dans le sens de l'article 68 du code de procédure civile. Il est le préposé et le salarié du propriétaire contre le locataire.

On dit avec raison : Le temps c'est de l'argent. N'est-ce pas une chose absurde que d'envoyer un huissier à huit ou dix lieues de sa résidence porter une feuille de timbre souvent insignifiante ?

Un mauvais créancier avait un débiteur *à l'extrémité* de l'arrondissement. Pour lui faire subir plus de frais, ce créancier dirigeait les poursuites par un huissier habitant l'autre extrémité de l'arrondissement. Le coût de chaque exploit était augmenté de *20 francs* pour le transport de cet huissier.

En attendant la suppression *de tous* les officiers ministériels, il faut mettre bon ordre aux abus en simplifiant les formalités par une bonne loi. Je suis la plus grande victime de la procédure, quoique j'aie la prétention de m'y connaître.

Ainsi, dernièrement, par suite d'une adjudication à *17 individus* d'immeubles qui m'appartenaient, on m'a signifié *17 fois* le cahier des charges et le jugement d'adjudication, *chaque* exploit coûtant de 25 à 40 francs. Au lieu d'ensemencer les terres en friche, de malheureux jeunes gens ont passé des journées entières à faire ces inutiles copies.

J'aurai l'honneur de vous voir prochainement et, si vous m'y autorisez, je mettrai à votre disposition une expérience de cinquante ans.

. . . .

Un député a présenté dernièrement un projet de loi tendant à la gratuité des oppositions et à la fixation au cinquième des salaires à retenir aux ouvriers, serviteurs, employés, etc.

Les huissiers sauront bien se rattraper en poursuivant la vente du mobilier appartenant au débiteur, et même de ses immeubles, s'il en a.

En France, le débiteur est vulnérable de trois côtés à la fois.

On commence par arrêter toutes ses ressources au moyen d'oppositions ou saisies-arrêts, et on le poursuit sur ses meubles et ses immeubles.

Si le malheureux à trois créances à payer chez trois huissiers chacun, cela fait neuf poursuites qui ont lieu *simultanément*. Il ne peut se relever.

Voici comment on procède.

On saisit le mobilier pour le premier des créanciers qui est prêt. On ne le vend pas, afin de conserver l'objet sur lequel on peut opérer.

Quelques jours après, on saisit pour la deuxième créance, en énonçant *la première saisie* dans le procès-verbal.

Conformément à la loi, ce deuxième saisissant fait *sommation* au premier de vendre dans la huitaine, en déclarant que, faute de ce faire, il vendra lui-même (ce qu'il évite avec soin).

Ainsi de suite pour le troisième.

On délivre aux débiteurs une signification indiquant la *vente pour tel jour*.

Pour obtenir un sursis, il verse un acompte égal au moins aux frais nouveaux et l'agonie est prolongée. L'huissier change sur la signification le jour de la vente et se fait payer, de la main à la main, le coût d'une nouvelle signification qu'il ne rédige pas, en sorte qu'il *bénéficie du timbre et de l'enregistrement en plus de ses honoraires..*

Presque toutes les significations contiennent un ou plusieurs *changements de date de la vente*.

Puis il y a le *bénéfice énorme* sur les procès-verbaux d'affiches : remises par l'afficheur, par le journal d'annonces, économie du timbre des placards, etc.

Enfin, quand le malheureux ne peut plus verser d'acomptes pour alimenter la procédure, on l'exécute. Ses meubles sont vendus à vil prix.

Remarquez, à ce sujet, que l'huissier doit vendre sur la place publique.

Pour augmenter les frais, il demande, *par avoué*, au président l'autorisation de vendre au domicile du débiteur.

Le président rend une ordonnance conforme que l'huissier *signifie*.

Total : 20 ou 25 francs *de frais de plus*.

Notre correspondant termine en disant que la cherté des études des officiers ministériels est, pour ces derniers, un encouragement à « plumer » le client.

Cette lettre soulève des points intéressants. Nous les examinerons sommairement tour à tour.

1° *L'envoi des actes par la poste.* — Nous faisons remarquer à notre correspondant que la chose est impossible pour certains actes. Toutefois cela serait possible (1) pour le protêt et les frais se trouveraient, de ce chef, sensiblement diminués. Chaque facteur aurait un livret à souche : il détacherait un bulletin, comme en Belgique, et avec ce bulletin on pourrait toujours lever l'acte de protêt.

1. Possible pour la province, mais non pour Paris et les grands centres.

2° *Lorsqu'un huissier se présente plusieurs fois chez quelqu'un en province, son crédit est perdu.* — A cette situation, il n'y aurait qu'un remède. Ce serait que l'huissier invitât par lettre recommandée à passer à son étude et qu'il délivrât l'acte à la personne ou à son représentant. Cela éviterait les frais de transport. Mais il y aurait toujours la saisie...

3° *Remise à la concierge.* — Nous soutenons que le législateur, en instituant le *parlant à...,* a voulu forcer l'huissier de signifier autant que possible à la personne elle-même.

4° *Le temps c'est de l'argent.* — Mais à quel prix obtient-on ce temps? C'est ce que nous verrons par la suite.

5° *Notre correspondant a reçu dix-sept significations pour la vente d'un immeuble.* — Est-ce bien la loi qui veut cela? Nous ne le croyons pas. Une seule signification faite au nom des dix-sept acquéreurs devrait suffire.

6° *Prix des Études.* — Le législateur n'a jamais eu dans la pensée qu'une étude fut vendue. Les charges sont gratuites. En les vendant 200,000 ou 300,000 francs, on force les huissiers à plumer d'autant leurs clients.

Si les études doivent être vendues, c'est à l'enchère, et le Trésor devrait profiter de la vente.

7° Un député, il est vrai, a pris la parole sur ces graves questions, mais il ne semble pas qu'il les ait approfondies.

8° Notre correspondant nous écrit que l'huissier fait à la fois trois poursuites contre le même débiteur. Nous expliquerons cela en temps et lieu, et nous examinerons le cas d'un billet de 150 francs où il y a trois débiteurs.

Peu de personnes s'imaginent ce que, dans ces conditions, un huissier peut faire de frais. Les actes peuvent monter à 800 francs, et plus!

9° Nous expliquerons également les changements de date sur les actes, les sursis, et nous révèlerons à quel prix et de quelle manière on les obtient! Ce sera édifiant.

10° Nous expliquerons aussi, quand nous aurons fini la procédure, comment un huissier doit agir pour payer une charge de 200,000 francs, dépenser 20,000 francs par an et, au bout d'une vingtaine d'années, se retirer avec 400,000 francs de fortune.

11° *Procès-verbal d'affiches.* — Il y aura un

chapitre spécial, nous verrons qui est frustré.

12° *Chapitre de la vente.* — Ce ne sera pas l'un des moins curieux.

13° Enfin, nous verrons ce qui se passe au sujet des commissaires-priseurs, etc.

En un mot, nous donnerons, par la suite, pleine et entière satisfaction à notre correspondant.

Voici, à titre de document, une petite note de frais que l'on nous envoie, pour le payement d'une dette de 500 francs.

Affaire D... contre C..., L... et G....

Timbre mobile............Fr.	» 10
Assignation...................	11 40
Protêt........................	8 20
Assignation...................	11 40
Pouvoir.......................	3 75
Jugement, agréé, vacation......	41 25
Signification de jugement......	14 35
Commandement.................	8 65
Procès-verbal de carence C.....	14 65
— acquiescement L.	13 05
— saisie L..........	13 05
A reporter........	139 85

Report........	139 75
Affiches L.....................	26 05
Assignation en référé L........	13 05
Référé, vacation, enregistre- ment L.....................	10 95 10 35
Signification d'ordonnance L...	8 55
Signification de vente L.......	7 55
Affiches L.....................	26 05
Récolement carence L.........	13 05
Assignation en faillite L.......	9 55
Timbre et bordereau de produc- tion faillite L................	5 60
Pouvoir faillite................	3 75
Frais de mandataire..........	20 »
Total.....	284 »

Et l'on n'a pas encore exécuté G.

Pour ne relever qu'un des chiffres de cette note fabuleuse, constatons que l'acquiescement ne devrait coûter que 5 fr. 60.

Enfin, la signification d'ordonnance fait double emploi avec la signification de vente, le récolement carence est de trop, etc.

Ce sont de tels abus qui font que nous ne cesserons jamais de demander une loi et un tarif.

CHAPITRE XV

DE LA CHAMBRE DE DISCIPLINE

Avant de pousser plus loin notre étude, de dire le dernier mot sur la saisie et sur la manière dont l'huissier fait signifier les actes qui la précèdent, nous devons parler de la Chambre de discipline de MM. les huissiers. D'ailleurs, on nous pose la question suivante :

« La corporation des huissiers a une Chambre « de discipline chargée de veiller sur ses mem- « bres; comment se fait-il qu'elle ne réprime « pas les abus dont vous parlez? »

Il est bien difficile à la Chambre de réprimer ces abus. Cela ne pourrait exister que dans le cas où tous les membres de cette Chambre donneraient l'exemple, en faisant leurs exploits tarif en main.

A l'époque actuelle, la Chambre sert seulement à protéger les huissiers, et pas à autre chose. Jamais, ou presque jamais, un acte n'est réduit par le membre de la Chambre chargé de la taxe.

La Chambre ne veille même pas à ce que le tarif soit uniforme pour tous les huissiers de Paris. Nous avons en mains, au moment où nous écrivons ces lignes, vingt taxes, et dans chacune d'elles les actes sont cotés différemment.

La Chambre ne s'en est nullement émue.

Croyez-vous donc que dans notre volumineuse correspondance, les membres de la Chambre ne sont pas nommés comme les autres ?

Pour faire partie de la Chambre des huissiers, il suffit d'avoir été huissier pendant un certain temps et d'avoir une situation ; voilà tout.

L'huissier, en général, qu'il fasse partie de la Chambre ou non, n'a qu'un but : se faire des rentes. Voici son raisonnement :

« J'ai acheté une étude 200,000 francs, je dépense 20,000 francs par an, je veux me retirer dans vingt ans avec 15 ou 20,000 francs de rentes, je compterai donc mes actes le plus cher possible. »

Si la Chambre de discipline était rigoureuse

ou simplement juste, comme le conseil de l'ordre des avocats, tout le monde serait satisfait.

Si seulement cette Chambre était contrôlée par le Parquet, que chaque plainte y fût examinée, d'accord avec un membre dudit Parquet et un membre de la Chambre de discipline, nous pourrions avoir quelque confiance dans ses décisions, — mais il n'en est rien.

Il est pourtant nécessaire de réprimer ces abus; il est indispensable que chacun sache à quoi s'en tenir sur le coût des actes. Pourquoi une assignation qui coûte 7 fr. 55 chez Mᵉ X... coûte-t-elle 9 fr. 75 chez Mᵉ Y... ?

A qui incombe le devoir de veiller sur les huissiers? A messieurs de la Chambre. Pourquoi ne le font-ils pas? Pourquoi?... Il est bien inutile de vous le dire, vous l'avez deviné.

Nous persistons à demander pourtant que l'on fasse observer la loi, persuadés qu'à la fin nous serons écoutés. Nos lecteurs suivent et surveillent les péripéties de notre campagne. A l'heure actuelle, un demi-million de Français réclament comme nous une fin à des abus véritablement scandaleux et qui font trop de victimes.

Eh bien! ces abus n'existeraient pas si la

Chambre des huissiers, comprenant son devoir et sa responsabilité, déléguait des membres pour visiter les études, faire respecter la loi et le tarif, et rappeler les huissiers à la dignité qui nous semble indispensable à tous ceux qui portent le titre d'officiers ministériels.

Mais, hélas! la Chambre s'occupe fort peu de ces choses. Pourvu que la corporation prospère, pourvu qu'il n'y ait pas de plaintes par trop criardes, que lui importe le reste!

Vous pourriez pourtant d'un seul coup, messieurs de la Chambre, arrêter notre polémique et donner au public la satisfaction qu'il demande. Ce serait de faire imprimer à vos frais des tarifs qui seraient affichés dans chaque étude après approbation par le ministre comme conformes au tarif de 1807; — ce serait d'établir, place de Valois, au siège de la Chambre, une commission permanente chargée de recevoir le public, d'accueillir ses plaintes contre les actes de vos confrères et qui ne donnerait pas toujours raison à ces derniers, — comme vous le faites systématiquement.

Enfin, ce serait à vous, messieurs de la Chambre, de demander au Parlement d'examiner les bases et le fonctionnement de votre corporation qui tombe en désuétude et de la réformer s'il y a lieu.

Ce que vous ne faites pas, nous le ferons. Notre tâche sera lourde, mais le fardeau ne nous écrasera pas, nous trouverons bien des amis pour nous aider à le porter.

Je ne rappelle pas vos règlements ; à quoi bon ? Ils sont depuis longtemps enfouis sous la poussière et vous les ignorez, sans nul doute.

Pauvres règlements, à quoi servent-ils ? Ils sont allés rejoindre dans une cave le tarif et ils y pourrissent en paix.

D'ailleurs, serait-il possible aux huissiers de les faire observer, ces malheureux règlements, lorsque le premier, le plus indispensable n'est pas observé par eux : nous voulons parler de l'examen du candidat.

Pour être huissier, il ne suffit pas d'être bachelier et licencié en droit. Ce qu'il faut, avant tout et par-dessus tout, c'est la pratique, c'est une connaissance approfondie du métier. C'est pourquoi le législateur a exigé un stage. Eh bien, ce stage, six fois sur dix il n'existe que nominalement !

Nous connaissons à Paris plus de vingt huissiers qui sont incapables de vérifier leurs actes et de rédiger une saisie.

C'est pourquoi, sans doute, les exploits de MM. les huissiers sont si soignés.

Le devoir des membres de la Chambre ne serait-il pas enfin de diminuer le prix des études, de façon que l'huissier qui achète puisse vivre de sa charge sans majorer le coût de ses actes?

Mais non, si la Chambre prenait ces sages dispositions, ses membres qui, presque tous, sont prêts à vendre leur étude y perdraient!

Aussi, périssent l'honneur et l'équité plutôt que nos petits profits! — s'écrient les huissiers.

CHAPITRE XVI

Il faut en terminer avec la saisie, cet acte important qui souvent décide du sort du débiteur et duquel dépend toujours le sort de la créance.

Vous ne pouvez vous imaginer avec quelle désinvolture, quelle inconséquence l'huissier prépare sa saisie.

Le commandement, qui doit précéder la saisie de vingt-quatre heures et qui en est le prélude, est traité comme acte sans conséquence. (Il ne rapporte à l'huissier légalement que 2 fr. 50, soit, avec le « grattage » du répertoire, 2 fr. 60.)

Cet exploit, qui avertit le négociant ou l'homme du monde qu'ils vont être exécutés, est confié à un clerc qui le délivre quelquefois sans tact et sans discernement.

7.

De cette manière de délivrer le commandement, il est résulté bien des mésaventures ; je
vais vous en compter au moins une !

Vers le commencement de 1887, un homme
d'affaires, nommé Z..., apportait un dossier à
l'huissier X... Ce dossier, qui remonte à une
dizaine d'années, vise un nommé C... L'homme
d'affaires dit à l'huissier X... : « J'ai retrouvé
mon débiteur, il demeure actuellement à telle
adresse. »

X... fait commandement et le lendemain,
lorsque son clerc lui dit : « Ce n'est pas M. C...
qui demeure là, c'est M. de C... », l'huissier se
contente de hausser les épaules et de répondre :
— « Bah ! c'est un vaniteux, il a pris la parti-
cule, rien de plus commun ! » Quarante-huit
heures après, on opérait une saisie chez M. de
C..., qui était absent ; et, pour ouvrir les portes,
on requérait commissaire de police et serrurier ;
tous les meubles étaient ouverts.

Or, M. de C... n'avait rien de commun avec le
débiteur C..., — si ce n'est le nom.

De là, plainte ; mais la Chambre excuse tout :
il n'y avait de la part de l'huissier X... qu'une
erreur !

Que dites-vous de cela ?

Peut-on ainsi violer le domicile d'un citoyen français ?

Peut-on attribuer à une simple erreur la faute grave commise par l'huissier X... ?

N'est-ce pas le devoir de l'huissier, dans tous les cas, de signifier le commandement et, dans une circonstance semblable, de s'informer de l'identité du débiteur ?

Voilà comment opèrent les officiers ministériels, c'est-à-dire les représentants de la loi. Et qu'on ne croie pas que nous inventons ! Ce n'est qu'un simple exploit. Nous en connaissons vingt autres semblables.

D'ailleurs, nous tenons à bien édifier nos lecteurs sur la façon dont les actes sont signifiés, quelque importants qu'ils soient.

M. Charton père a pris soin de nous éclairer à ce sujet par sa lettre du 14 avril.

Étant en procès avec un sieur B..., le 10 décembre 1889 on lui signifia une assignation, boulevard Voltaire, 129, ci-devant — et actuellement rue des Vinaigriers, 33. Le 27 décembre 1889 ; on signifia le jugement aux mêmes adresses. Tout cela est correct.

Survient un arrêt de la Cour d'appel à signifier. MM. Charton père et fils l'attendent pour
aller en cassation. Mais ils patientent en vain.
L'huissier Z... signifie 129, boulevard Voltaire,
où il constate que MM. Charton père et fils sont
inconnus.

Ne croirait-on pas qu'il y a là comme la volonté bien arrêtée de rendre définitive la signification d'arrêt?

On est d'autant plus en droit de le croire,
que l'huissier Z... sait pertinemment où Charton
est employé, puisqu'il a mis opposition sur ses
appointements.

Nous tenons la lettre qui nous signale ces faits
yant motivé plainte au parquet, à la disposition
de messieurs de la Chambre des huissiers.

Le procureur a fait répondre à MM. Charton
père et fils qu'ils pouvaient poursuivre à leurs
risques et périls.

Est-il possible que des faits semblables se
passent en plein dix-neuvième siècle, cent ans
après la grande Révolution? Nos aïeux nous ont
débarrassés des privilèges. C'est à nos législateurs modernes de détruire cette Bastille encore
debout.

Pour en revenir à notre sujet, les commandements sont signifiés et c'est après de semblables significations que l'huissier est en droit de saisir.

Outre la saisie-exécution, il y a la saisie-gagerie ; c'est celle qui se fait à la requête du propriétaire. Les faits signalés pour la saisie-exécution se reproduisent pour cette saisie.

Nous aborderons dans un de nos prochains chapitres les affiches et les délais.

Nous omettons à dessein, dans cette fin de chapitre sur la saisie, de parler de la saisie-référée. Nous nous réservons, pour en parler, au chapitre référé.

En terminant aujourd'hui, donnons, à titre de document, la fin de la lettre de M. Charton père :

« Je suis d'avis que si les huissiers n'agis-
« saient pas comme vous le dites, ils ne feraient
« que la misère dans leurs études ; c'est très
« facile à établir, et le seul remède de les em-
« pêcher d'agir ainsi, c'est de supprimer les
« études d'huissier, ainsi qu'il en a été sérieu-
« sement question sous l'Empire, etc. — Signé :
» Charton père. »

Le remède est un peu radical, mon cher correspondant ; peut-être suffirait-il de leur faire respecter le tarif et la loi, — en faisant en outre assermenter les clercs.

CHAPITRE XVII

Avant d'aborder le procès-verbal d'affiches et de continuer notre étude sur l'exécution des jugements, nous croyons utile de donner à nos lecteurs quelques notions de l'assignation en déclaration de faillite et de leur exposer comment on déclare quelqu'un en faillite.

L'assignation en déclaration de faillite n'est souvent pour l'huissier qu'une pression exercée sur le débiteur afin d'obtenir le payement de la créance et surtout de ses frais. Car, le point essentiel c'est le payement de sa note qui s'élève parfois à des chiffres fantastiques.

L'assignation en déclaration de faillite coûte généralement.

Original......................Fr.	2	»
Copie.........................	»	50
Extrait de jugement.............	1	»
A reporter.........	3	50

$$\textit{Report}\ldots\ldots\ 3\ 50$$

Timbre......................	1 20
Enregistrement................	3 75
Répertoire....................	» 10

Soit 8 55

Nous avons expliqué déjà ce qu'il faut penser des 0 fr. 10 de répertoire. L'huissier gagne sur cet acte : original et copie, 2 fr. 50; extrait, 1 franc soit 3 fr. 50.

Si l'assignation en faillite ne devait rapporter que 3 fr. 50 ce serait peu : mais en général l'huissier ne place pas du premier coup. Ce n'est que la cinquième ou sixième assignation qui est placée au Tribunal ; le débiteur obtient des remises successives en graissant la patte du maître clerc et en payant à l'huissier l'assignation en faillite de la main à la main.

Dans le chapitre des délais, nous expliquerons ce qu'il faut penser des actes que l'huissier fait payer de la main à la main.

Nous n'aurions que peu de chose à dire de cette assignation si elle était faite régulièrement; malheureusement, les choses ne se passent pas ainsi et un certain nombre de débiteurs sont déclarés en faillite sans avoir reçu d'assi-gnation ; d'autres le sont après avoir pris des ar-rangements avec leurs créanciers ; c'est ce que nous allons démontrer par la correspondance qui suit : (1)

Paris, le 14 avril 1890.

Monsieur,

Evidemment, il vaut mieux ne pas publier les noms de vos correspondants, car il en est qui, comme moi, sont rétablis après leurs déboires et ne veulent pas qu'on les remette sur le tapis. Mais puisque vous voulez bien promettre une réponse à ceux qui vous interrogent, je me permets de faire appel à votre complaisance pour m'éclairer sur le cas qui m'est particulier.

En 1884, j'étais établi dans un autre quartier. Ayant débuté sans aucune fortune, mes commencements furent très durs, et j'eus ainsi maille à partir avec les huissiers. Excellente vache à lait, on ne m'exécuta pas, et, en fin de compte, toutes mes affaires se terminaient pas un arrangement. Mais j'eus l'imprudence, l'inexpérience d'accepter une candidature au Conseil municipal. Alors, la passion

(1) Sur la demande de quelques-uns de nos correspondants nous ne publions ni les noms ni les adresses, mais leurs lettres sont dans notre dossier à la disposition de MM. les membres de la Chambre de discipline des huissiers. Nous ne saurions trop répéter que nous n'avançons aucun fait sans avoir les preuves en mains.

politique s'en mêla, et la position ne fut plus tenable. Je résiliai donc avec mon prédécesseur et me retrouvai alors sur le pavé avec une queue de dettes d'un millier de francs environ. Je pensais en finir comme je l'avais fait avec mes autres créanciers, en payant par acomptes, quand je reçus du papier timbré et la visite de l'honorable huissier qui m'adressa une verte admonestation se résumant en ceci : « Quand on a des dettes, on n'a pas le droit de poser sa candidature au Conseil municipal. » Bref, je fus assigné en déclaration de faillite. Après des démarches très pénibles, j'obtins enfin de m'acquitter à la petite semaine, et l'huissier susnommé me dit qu'il enverrait au juge une lettre de désistement. Il n'en fit rien, et voici copie de la lettre qu'il m'écrivit :

« Monsieur,

« J'apprends que M. M... n'a pas reçu ma « lettre de désistement. A la date du 6 vous avez été « déclaré en faillite. Veuillez passer à l'étude afin « d'aviser au rapport de ce jugement.

« *Signé : Z...* »

Je tiens cette lettre à votre disposition.

J'allai donc trouver M. Z... et il me conseilla de faire opposition au jugement qui me condamnait par défaut. Je fis opposition, mais au dernier moment on me conseilla de ne pas me présenter afin que je pusse invoquer le défaut. Je suivis le conseil et tout en resta là. Depuis, mes dettes sont payées *presque double*. Le but de ma lettre est donc de savoir si ce jugement, ne m'ayant pas été signifié, est valable; si je suis toujours en état de faillite ou si, au contraire, je ne dois pas en tenir compte, et si j'ai le droit de réclamer ma carte d'électeur.

Veuillez recevoir, monsieur, avec mes remerciements anticipés, l'expression de mes sentiments les plus distingués.

Signé: R...

Nous ne pouvons donner qu'un conseil à notre correspondant. C'est de se faire réhabiliter. Cela lui coûtera d'ailleurs fort cher. Ce sera un exploit de plus à ajouter à ceux de Messieurs les huissiers.

Jusqu'au jour de la réhabilitation, il est en état de faillite par la faute d'un huissier auquel la Chambre donnerait certainement raison. C'est le cas de répéter que le vrai peut souvent n'être pas vraisemblable.

D'ailleurs, voici un cas analogue:

Un de nos amis, assigné en déclaration de faillite pour une dette civile, s'en fut trouver son créancier avec lequel il s'arrangea et qui remit un lettre de désistement à l'huissier. Celui-ci omit de l'envoyer au juge; de là, faillite de notre ami qui porta plainte au Parquet, lequel renvoya l'affaire devant la Chambre des huissiers. Le membre de la Chambre des huissiers donna naturellement raison à son collègue et notre ami est encore en faillite.

Depuis la publication de cette lettre, nous en avons reçu une nouvelle de M. R... la voici.

Paris, le 20 avril 1890.

Monsieur,

Merci d'avoir bien voulu répondre à ma lettre et pardon de celle-ci que je vais écrire aussi courte que possible.

Lorsque cette aventure m'est arrivée, ma première idée a été d'acheter un revolver et de brûler la cervelle à l'huissier Z... Mais comme je venais d'être condamné à trois mois de prison pour avoir dit son fait à un commissaire de police qui opérait chez moi une saisie au mépris de la loi et sans ses insignes, je me dis que ces antécédents pourraient bien me conduire à l'échafaud. Je préférai être victime plutôt que criminel.

Aujourd'hui, mon vaisseau commercial est renfloué et je vais peut-être pouvoir, *à force d'argent*, rentrer dans l'intégralité de mes droits. Mais supposez qu'il en ait été autrement; j'étais voué à une misère éternelle malgré mon honorabilité, malgré les meilleures dispositions et la plus grande énergie pour la grande bataille humaine. Eh bien ! il est des milliers d'hommes qui se trouvent dans cette situation de faillite sans aucun espoir de réhabilitation et qui traînent la chaîne de discrédit à leurs chausses. C'est pour cela que vous faites bien de soutenir votre campagne contre ces gens qui se font des rentes de la détresse de leurs semblables. Mordieu ! ne lâchez pas prise, vous finirez par grouper autour de vous une nombreuse phalange qui fera chorus avec vous et vous aurez rendu un fier service au commerce parisien si vous obtenez une réglementation des officiers ministériels et un tarif uniforme.

Ensuite, vous ne ferez pas mal de vous occuper de la loi sur la faillite qui, au lieu d'être une garantie pour le commerce, n'est qu'une arme pour vos ennemis.

Pour ce qui me concerne, ne puis-je faire appel ?

Veuillez avoir l'obligeance de me répondre par *oui* ou par *non*, car je ne veux pas abuser de votre complaisance.

Recevez, je vous prie, cher monsieur Xau, mes salutations les plus distinguées.

R...

Pharmacien de première classe

Ce n'est pas appel que M. R... a à faire ; il doit se faire réhabiliter et pour cela il lui faut

les quittances notariées de tous ses créanciers
et un arrêt de la Cour d'appel.

Nous lui conseillons de s'adresser à un avocat
qui fera le nécessaire.

Citons maintenant la lettre de M. Ch. Williams :

Paris, le 20 avril 1890.

Monsieur,

Je suis avec intérêt votre campagne contre les
huissiers, mais depuis quelques jours elle est
doublement intéressante pour moi.

Le 15 courant, j'appris par l'intermédiaire d'un
ami que j'avais été déclaré en faillite par défaut, en
vertu d'un jugement du 11 du Tribunal de commerce;
aussitôt, je me rendis au greffe, où j'appris que
c'était à la requête de MM. N. N. N. et Cie, coulis-
siers à Paris, et à la suite d'une assignation de
l'huissier X... à mon domicile, 3, rue du Bellay.

Or, 1° j'ai fait appel du jugement de première
instance me condamnant à payer aux susdits une
somme de 5,000 francs environ;

2° Je n'ai jamais reçu d'assignation en déclaration
de faillite, pas plus moi que ma concierge ou mes
domestiques.

L'huissier X... savait très bien que s'il m'avait
assigné en déclaration de faillite, j'aurais pu éviter

la faillite, soit en payant, soit plutôt en déposant à la Caisse des Dépôts et Consignations la somme réclamée.

Il savait aussi que, même sans cela, il aurait été débouté de sa demande devant un juge commerçant, en raison même de l'origine de cette dette et de ma situation commerciale ; aussi a-t il passé outre, comptant, du même coup, m'intimider au point de m'amener à composition.

Il m'a ainsi causé un préjudice énorme.

Je fais 2 millions d'affaires sur place comme représentant de commerce ; je ne dois un centime à personne, pas plus au commerce qu'à mes fournisseurs personnels ; mais cette procédure, contre laquelle j'ai fait opposition, du reste (*Affiches parisiennes* du 19 courant), m'a déprécié quand bien même, et aux yeux de mes commettants, et auprès de mes clients !

J'ai déposé mardi dernier une plainte entre les mains du syndic de la Chambre des huissiers ; je suis toujours sans nouvelles.

Peut-être le relaté de cette affaire pourra-t-il vous être de quelque utilité ; dans tous les cas, je vous autorise à citer tous les noms, n'ayant absolument rien à redouter de qui que ce soit.

Si la chose vous intéresse, je me ferai un plaisir de vous tenir au courant de cette affaire et de vous faire connaître le résultat définitif.

Veuillez recevoir, monsieur, l'assurance de mes sentiments distingués.

A. WILLIAMS,
3, rue du Bellay.
Bureaux, 89, rue de la Verrerie.

Nous répondrons à M. Ch. Williams, que rien ne nous étonne de la part de certains huissiers.

Nous sommes convaincus qu'il n'aurait jamais été mis en faillite, si ce n'eût été par défaut. D'une façon générale, nous avons enfin la certitude qu'aucun juge du Tribunal de commerce n'a prononcé la faillite de qui que ce soit, sans exiger de la part du créancier :

1° Un extrait de la patente du débiteur ou la preuve notoire qu'il est commerçant ;

2° Un procès-verbal constatant qu'il ne possède absolument rien ;

Ajoutons que les juges du Tribunal de commerce essayent toujours de concilier les parties.

Nous concluons que pour obtenir la faillite sans le renvoi devant un juge (même dans le cas de M. Williams), il faut que la bonne foi des juges consulaires ait été surprise.

Enfin, quand il y a appel, il est de jurisprudence constante de ne pas prononcer la faillite.

Ce n'est pas à la Chambre que nous aurions porté plainte, à la place de M. Williams, c'est au parquet. Enfin nous aurions insisté pour avoir une audience de M. le procureur de la République ou de l'un de ses substituts.

La Chambre des huissiers est trop accoutumée à ces exploits pour s'en émouvoir outre mesure.

Et puis nous avons expliqué comment et par qui les exploits sont signifiés. De là vient tout le mal. Certains clercs — ils ne sont pas tous comme cela, et il n'en existera plus de tels lorsqu'ils seront tous assermentés — partis de l'étude à six heures du soir avec vingt copies, s'en débarrassent en les jetant à l'égout. Le fait est évidemment rare, mais il s'est vu.

De même, il se trouve quelques rares clercs pour rapporter la copie à l'étude, en disant que le destinataire est inconnu. Dans ce cas — exceptionnel, je le veux bien, mais non sans exemple, — l'huissier s'empresse de faire ce qu'on appelle « un parquet ». Bonne affaire que celle du « parquet », surtout s'il y a pour une vingtaine de francs de copie de pièces ! L'huissier y gagne gros, car il est censé laisser une copie au domicile et en faire une autre au parquet.

En réalité, c'est cette dernière qui devrait être laissée au domicile et que l'on dépose au parquet. Nous en avons de nombreuses preuves.

L'huissier gagne donc, s'il y a 20 francs d'écritures :

Original............................Fr	2	»
Copie............................	»	50
Écritures	20	»
Quelquefois perquisition	5	»
Visa............................	1	»
Répertoire......................	»	10
	28	**60**

Cette somme est vite gagnée et elle a coûté peu de travail. Nous reviendrons sur les actes signifiés au parquet, sur les perquisitions, visas, etc. En attendant, on a pu voir comment on tombe en faillite sans s'en douter. On conviendra que la publicité des actes est préférable et on concédera que la nécessité d'un tarif unique s'impose immédiatement.

Et voilà comment d'honorables commerçants sont déclarés en faillite, sans même savoir quelquefois qu'une assignation a été lancée contre eux !

Nous qui avons entrepris cette campagne après l'avoir mûrie consciencieusement et pendant de longues années, nous sommes souvent surpris, en publiant les lettres de nos correspondants, des faits monstrueux qui nous sont signalés ; enfin leur multiplicité nous effraie.

Pas un exploit d'huissier, pas une ligne pourrions-nous dire, de son papier azuré qui ne mérite un blâme.

Heureusement, l'ère des réformes est proche ! Nous sommes persuadé que notre livre sera un premier jalon et servira de bases à une bonne loi qui mettra enfin un frein à la rapacité de ces vautours.

Nous sommes à regret obligés de nous restreindre car chacun de nos chapitres, si nous voulions lui donner le développement nécessaire, deviendrait un volume.

Pourtant, avant d'en terminer avec l'assignation en faillite, signalons ce fait que cette assignation placée rapporte encore 3 francs sur les frais d'agréé ; que généralement c'est un clerc qui se présente au délibéré du juge et que de ce fait M. l'huissier compte vacation 5 francs ou 10 francs; ce qui fait au minimum 8 ou 13 francs, — Cette somme minime suffit à certains huissiers pour demander et obtenir la faillite d'un honnête homme malheureux!

Nous osons espérer que notre volume sera lu par MM. les juges du Tribunal de commerce et qu'ils reconnaîtront avec nous les abus que nous signalons.

CHAPITRE XVIII

ANECDOTES SUR LA SAISIE

Pour reposer un peu nos lecteurs des sombres tableaux que nous venons de faire passer devant leurs yeux, nous leur narrerons quelques anecdotes sur la saisie.

Un jour, Me X..., huissier (ménageons ces messieurs), alla faire une saisie, rue Taitbout, n°..., accompagné de ses deux clercs.

Son dossier, fort en règle d'ailleurs, était contre Mme de V... Cette dame demeurait à l'entresol, porte à gauche; or, l'huissier X... sonne la porte de droite. Il est introduit dans l'appartement habité par Mme de Z.., une horizontale fort connue pour son amour pour les bêtes fauves.

Mme de Z... avait pas mal de dettes; aussi ne fut-elle que médiocrement surprise de l'apparition de Me X... et de ses deux sbires.

Pourtant, après un court échange de politesses, elle s'aperçut bientôt que notre huissier se trompe de débitrice, mais elle n'en laissa rien voir et lui permit de tout saisir.

Mais, au moment où l'huissier va se retirer, Mme de Z... lui dit fort gentiment : « Mais, mon Maître, vous oubliez cette pièce ! » Et elle lui ouvre la porte d'une chambre donnant sur un balcon ; l'huissier s'empresse d'entrer... Mme de Z... de fermer alors la porte sur lui...

Quel désappointement et quelle terreur pour notre huissier ! La pièce était entièrement vide de meubles, mais, en revanche, elle possédait comme locataires, deux loups de forte taille qui montraient des crocs blancs et pointus.

Notre huissier dut en hâte se réfugier sur le balcon et appeler à l'aide ; fort heureusement pour lui, deux sergents de ville vinrent le délivrer assez à temps pour qu'il ne fût pas dévoré, — pas assez cependant pour préserver sa culotte d'une inondation...

Une autre fois, l'huissier X... alla faire une saisie chez Mme C..., une horizontale de petite marque ; il avait reçu comme instructions de se présenter de bonne heure afin de saisir ses bijoux. Il ne faillit pas à son mandat et se présenta à huit heures du matin. La dame C... était au lit avec un Alphonse quelconque, les bijoux étaient sur la table : l'huissier se prépare à saisir, déjà son procès-verbal est sur la table, l'encrier est ouvert et le porte-plume est dans sa main...

Vivement, la dame C... se lève, ramasse les bijoux dans le devant de sa chemise et, avec un geste que nous ne pouvons reproduire, dit à l'huissier : « Saisis cela »!

Ces anecdotes sont authentiques; nous en connaissons bien d'autres, mais nous les passons sous silence. Nous n'avons raconté celles-ci que pour reposer nos lecteurs de l'aridité de notre sujet.

CHAPITRE XIX

DES AFFICHES

Reprenons notre étude et abordons le procès-verbal d'affiches.

Aux termes de la loi, il doit s'écouler au moins huit jours entre la saisie et la vente (art. 613 du code de procédure civil). L'huissier en accorde presque toujours dix, non pas par bonté d'âme, mais pour éviter une erreur d'un jour en moins, qui rendrait son procès-verbal nul.

Les affiches se font quarante-huit heures à l'avance ; leur coût varie de 22 fr. 45 à 26 fr. 05 ou 33 fr. 05. — Prenons une créance de 2,000 fr. et examinons le procès-verbal ; il coûtera 33 fr. 05 se décomposant comme suit :

Procès-verbal..............Fr.	3	»
Annexe	1	»
A reporter......	4	»

Report.....	4	»
Timbre........................	3	60
Enregistrement..............	3	75
Insertion.....................	2	»
Affiches.....................	12	50
Papier affiches.............	2	10
Afficheur...................	3	»
Vacation à l'insertion..........	2	»
Répertoire	»	10
Total........	33	05

Si vous le permettez, nous allons examiner ensemble ce coût fantastique :

Du procès-verbal, de l'annexe, du timbre et de l'enregistrement, rien à dire.

Il n'en est pas de même de l'insertion ; l'huissier, excepté dans deux journaux que nous pouvons nommer, a une remise de 0 fr. 50 ou de 1 franc.

Affiches, 12 fr. 50. — C'est le vœu de la loi, en effet, qu'il existe un certain nombre d'affiches, pour que la vente annoncée produise une certaine somme, mais l'huissier ne fait jamais ces affiches ; il y a donc lieu, chaque fois que l'huissier fait un procès-verbal d'affiches, de s'assurer s'il a fait les affiches légales. Et comme il ne les a pas faites, il est élémentaire de les biffer de son mémoire. Economie 12 fr. 50.

S'il n'y a pas d'affiches, il y a également lieu de déduire le papier-affiches. C'est encore une petite économie de 2 fr. 10.

Il faut aussi demander à l'afficheur combien il prend ; généralement cela se réduit à 1 franc, c'est donc 2 francs de plus que l'huissier prélève indûment.

Quant à la vacation à l'insertion, c'est un comble!

Dans nos précédents articles, nous avons donné notre avis sur les 0 fr. 10 du répertoire.

Récapitulons ce que l'huissier perçoit en trop sur le procès-verbal d'affiches.

Insertion (en moyenne)......Fr.	» 50
Affiches........................	12 50
Papier affiches.................	2 10
Afficheur.......................	2 »
Vacation à l'insertion..........	2 »
Répertoire......................	» 10
Soit au total.....	19 20

Qu'en dites-vous?

En vain les huissiers, membres de la Chambre

en tête, se réclameront de l'article 617 du code de procédure civil, lequel dit que la vente sera annoncée par quatre placards au moins : l'un au lieu où sont les effets, l'autre à la porte de la maison commune, le troisième au marché voisin, le quatrième à l'auditoire de la justice de paix, — sans compter un cinquième au lieu où se fera la vente.

La loi dit bien, en effet, que les placards doivent être apposés, mais ils ne le sont jamais; par hasard un huissier en fait coller un à l'Hôtel des Ventes, et c'est tout.

Nous savons que l'huissier répondra au débiteur : — « Mais c'est pour votre plus grand bien, c'est pour ne pas vous déconsidérer. Si vous payez, personne n'en saura rien!... » Et une foule d'autres bonnes raisons.

Mais la loi, monsieur l'huissier! De plus, vous percevez une rémunération pour un travail non effectué, et vous constatez, dans un procès-verbal, vous, officier ministériel, que ce travail a a été fait! Comment cela s'appelle-t-il? Allons, un peu de pudeur, épargnez-nous les affiches, mais, de grâce, ne nous les faites pas payer...

Quand l'entrepreneur compte un sac de ciment

non employé sur son mémoire, le prix de ce sac
est biffé par l'architecte. Pourquoi le membre de
la Chambre chargé de taxer le mémoire de l'huissier laisse-t-il passer les placards? Pourquoi?
Est-ce parce que ces messieurs sont confrères,
— j'allais dire compères?

Mais abrégeons et passons à l'examen du procès-verbal d'affiches sous un autre point de vue.

Quand le débiteur est un homme ayant l'habitude du métier, il va trouver le premier clerc
et lui glisse la pièce. Alors, pas d'affiches à sa
porte. On remet à lui-même cette affiche cor-
née pour qu'il ne puisse se vanter au Parquet
qu'elle n'a pas été collée. En ce cas, l'afficheur
signe le procès-verbal à l'étude et le tour est
joué.

Le procès-verbal constate que l'affiche a été
collée. Comment, dès lors, s'appelle l'attestation
de l'huissier?

Quand l'afficheur va lui-même porter l'affiche,
les choses se passent d'une façon analogue. Si
le débiteur remet quarante sous à l'afficheur,
au minimum, l'affiche n'est pas collée, et
c'est l'afficheur qui bénéficie desdits quarante
sous.

9

Le procès-verbal constate toujours, d'ailleurs, que l'affiche a été apposée.

Il y a un troisième cas. C'est quand le premier clerc veut, par hasard, être agréable à un clerc et lui faire gagner quarante sous ; il remet l'affiche à ce dernier qui la porte lui-même au débiteur et encaisse les 2 francs.

Là encore, le procès-verbal constate qu'il a été collé vingt-cinq affiches par le sieur X..., afficheur.

Tout cela, commis par un simple particulier, serait tout simplement un faux. Pour l'huissier, c'est « l'usage de Paris ». Encore un coup, qu'en dites-vous ?

Et vous, plaideurs en général, créanciers ou débiteurs, c'est vous qui payez, c'est vous qui engraissez patrons et clercs ! N'avons-nous pas raison de dire qu'il faut en finir et de demander respect à la loi ?

Si l'huissier veut vendre, qu'il fasse ses placards et qu'on les paye ! S'il veut seulement faire un semblant de vente, qu'il ne fasse pas payer un travail imaginaire !...

En tout cas, lecteurs, quand vous voyez un procès-verbal d'affiches collé sur une porte, soyez pris de commisération, car vous pouvez vous dire, sans crainte de vous tromper :

— Voilà un pauvre diable qui n'avait pas quarante sous pour empêcher de laisser apposer le terrible placard !...

Tels sont les abus qui se commettent en plein dix-neuvième siècle, au vu et au su de tous. Il serait pourtant bien facile d'y remédier.

N'est-il pas honteux de faire marché de la misère des malheureux poursuivis ? Si, pour éviter leur ruine, vous consentez à ne pas coller les affiches, ayez la pudeur de ne pas exiger de ces misérables 2 francs pour cette complaisance.

Tous ceux qui ont passé par là nous comprennent ; quant à ceux qui n'ont pas été poursuivis, les faits leur semblent tellement monstrueux qu'ils ne peuvent y croire. Néanmoins rien n'est plus réel. Nous n'exagérons rien, bien au contraire. Nous sommes toujours au-dessous de la vérité, car le vrai, pour ceux qui ne sont pas initiés, paraît invraisemblable.

Quand l'afficheur ou le clerc se présentent chez le débiteur, voici le colloque qui s'établit :

— Il n'y a pas un sou chez moi, dit le débiteur.

— Alors, répondent afficheur ou clerc, nous allons coller l'affiche !

C'est donc 2 francs pour violer la loi ! Le Parquet se doute-t-il que de telles compromissions ont lieu quotidiennement ?

N'est-ce pas encore une monstruosité que de compter 12 fr. 50 sur le procès-verbal d'affiches à 33 fr. 05, quand ces affiches n'ont jamais existé ? Faire les affiches tuerait le débiteur, je vous l'accorde ; aussi suis-je le premier à vous supplier de ne pas les faire. Mais en les comptant avec le prix du papier qui, soi-disant, a servi à les confectionner, vous commettez une indélicatesse.

Dans une procédure de 2,000 francs, on fera jusqu'à dix procès-verbaux d'affiches — dont sept seront payés de la main à la main : voilà comment la loi est observée.

Jusqu'à 1,000 francs, le procès-verbal d'affiches ne coûte que 22 fr. 45 ; c'est que le nombre d'affiches est moindre.

Il en est de même pour une créance de 1,500 fr. le procès-verbal d'affiches ne coûtera que 26 fr. 05

mais les abus pour ces deux procès-verbaux d'affiches sont les mêmes ; seules, les sommes varient.

Enfin, quand un procès-verbal d'affiches se fait en banlieue, l'huissier compte comme transport pour l'afficheur, 4 francs ou 6 francs, mais il ne donne à ce dernier que 2 francs.

Nous devons répéter derechef, vu la monstruosité des faits, que nous ne nous hasardons à signaler ceux-ci que nantis de preuves nombreuses et tangibles.

Terminons ce chapitre en répondant au correspondant qui nous a prié de le désigner sous les initiales J. J. (1).

— Avant de vous signifier la taxe, l'huissier devait, suivant la coutume de Paris, vous écrire que les frais taxés s'élèveraient à telle somme, et vous inviter à payer.

Ledit huissier vous a répondu : « Si je vous « ai signifié la taxe, c'est que je n'avais pas à « vous donner d'autres justifications ; les origi-

(1) La lettre originale et signée est entre nos mains ; nous ne publions pas le nom pour nous conformer au désir de M. J. J.

« naux m'appartiennent et ne doivent pas sortir
« de mon étude. »

Or, en vous faisant cette réponse, il savait
fort bien qu'il n'avait signifié la taxe que pour
faire un exploit de plus lui rapportant :

Original........................Fr.   2   »
Copie............................   » 50
Répertoire......................   » 10
Et peut-être copie de taxe........   2   »

Enfin, en vous signifiant cet acte, l'huissier
vous compte :

Timbre de la taxe................   » 60
Enregistrement...................   »   »

Il vous fait donc payer la taxe et elle est votre
propriété. Si vous ne reculez pas devant les frais,
vous avez le droit de l'assigner en restitution de
pièces. Vous pouvez également porter plainte,
mais ce sera renvoyé devant la Chambre et vous
en serez quitte pour vous déranger inutilement.
Comment admettre qu'on vous fasse payer un

acte et qu'ensuite on refuse de vous le remettre ! Force nous est bien de convenir que les huissiers ont une morale à part.

CHAPITRE XX

Après le procès-verbal d'affiches vient le récolement, c'est-à-dire le procès-verbal d'enlèvement des meubles. Mais avant de procéder à l'examen de cet exploit, parlons de la requête pour vendre sur place et de sa signification.

A Paris, le procès-verbal de saisie indique que les meubles seront vendus tel jour, à telle heure (généralement midi), à l'hôtel des Ventes, rue Drouot. Sous le fallacieux prétexte que le transport des meubles, du lieu où ils se trouvent à la rue Drouot, risquerait d'abîmer ces derniers, l'huissier fait présenter une requête par l'avoué pour être autorisé à vendre sur place. Cette requête coûte 9 fr. 25. On a soin, pour surprendre la bonne foi du juge, de n'y inscrire que de gros meubles, d'un transport très difficile, coffres, cloisons, armoires, etc.

9.

Savez-vous pourquoi l'huissier fait présenter cette requête? C'est dans l'unique but d'avoir un acte de plus à signifier. J'ajouterai que, parfois, cette signification entraîne à faire trois actes. C'est ce que nous allons prouver.

La signification de requête coûte, à Paris :

Original...................... Fr.	2	»
Copie..........................	»	50
Enregistrement................	3	75
Timbre	1	20
Copie de pièces...............	2	»
Répertoire....................	»	10
	9	55

L'huissier a pour lui : original et copie, copie de pièces et répertoire, soit 4 fr. 60. On voit que c'est un acte qu'il ne doit pas négliger. Si l'avoué ne renvoie la requête répondue par le juge que le jour où les affiches sont faites, la vente ne peut avoir lieu au jour indiqué, puisque le procès-verbal d'affiches stipule que la vente aura lieu à l'Hôtel. On signifie donc l'ordonnance quarante-huit heures après la vente, puis on compte de nouvelles affiches. On conçoit que l'huissier bénisse le retard apporté par le malheureux débiteur !

Il ne devrait jamais y avoir une signification de vente et une signification de requête. Les deux exploits doivent n'en former qu'un ; l'huissier y perd 2 fr. 60 de bénéfice, mais la note des frais est allégée de 7 fr. 55. Nous devons rendre cette justice à quelques huissiers qu'ils signifient toujours ces deux exploits ensemble.

Souvent la requête n'est pas répondue, le juge trouvant que l'huissier doit faire la vente à l'hôtel Drouot. Dans ce cas, l'huissier qui s'est trompé devrait supporter le coût de l'ordonnance préparée par l'avoué, l'erreur venant de lui. Il n'en est rien. Il compte sur sa note 3 fr. 60. Plaideurs, ne les payez jamais ! D'autant que beaucoup d'avoués, en ce cas, ne comptent que le timbre à l'huissier, soit 0 fr. 60. Que nos lecteurs nous pardonnent d'entrer dans de si minutieux détails, mais nous voulons démontrer que nous avons étudié la question à fond.

Nous arrivons enfin au récolement. Que de choses à dire sur l'enlèvement des meubles, si nous voulions faire du sentiment! Mais l'huissier n'en a cure. Voyons donc comment il fait le récolement — et comment il devrait le faire.

L'huissier doit faire le récolement, *saisie* en main, s'assurer que tous les objets qu'il a saisis sont là, que ce sont bien les mêmes, qu'ils sont dans le même état, etc., etc.

Il a droit, pour cela, à 6 francs de vacation.

Or, l'huissier se contente de faire le récolement à son étude. Il est très rare qu'il se dérange. J'ajoute que, lorsqu'il le fait, c'est à peine s'il consacre cinq minutes à l'inspection du mobilier saisi. Toujours pressé, l'huissier de Paris !...

Cela dit, voici le coût du récolement :

Procès-verbal..........Fr.	6	»
Timbre..................	»	60
Enregistrement............	3	75
	10	35

Pourquoi l'huissier le compte-t-il 12 fr. 45 ?

C'est qu'il compte, pour vacation chez le commissaire-priseur, 2 francs !

Pourquoi enfin, lorsque le débiteur va en référé, le même procès-verbal revient-il à 13 fr. 05 ? Mystère.

En cas de référé, il ne devrait y avoir que le timbre-copie en plus.

De là, nous concluons que l'huissier fait le tarif comme il veut, et nous sollicitons derechef que ce tarif soit affiché dans son étude!

Il est aussi bien dans l'intérêt du créancier que du débiteur que le récolement soit fait avec soin, — surtout dans certains cas.

Exemple :

La partie saisie étant absente, l'huissier nomme un gardien; c'est généralement un clerc de son étude. Or, voici ce que nous avons été à même de constater.

Un locataire de certain passage mit un jour la clef sous la porte et, afin de l'expulser, le gérant dut faire faire la saisie. Il n'y avait pas de meubles, il est vrai ; mais de nombreux objets garnissaient la boutique. L'huissier saisit à la hâte et sans soin, constituant un de ses clercs comme gardien.

Le jour de la vente arrivé, le récolement fut fait également en l'air; la moitié des marchandises garnissant la boutique et saisies avaient disparu, personne n'en vit rien; la vente produisit à peine de quoi couvrir les frais, mais il importait peu à l'huissier, puisque le propriétaire était là pour le payer.

Voilà comment se fait le récolement...

Voilà comment l'huissier gagne ses émoluments...

CHAPITRE XXI

DU RÉFÉRÉ

Nous avons expliqué de quel profit sont les affiches ; nous avons indiqué ce que rapportent les « Parquets » ; continuons à dévoiler l'exploitation qui se fait, sous le couvert de la Loi, en abordant le « Référé ».

Le jour de la vente, l'huissier constate qu'il s'est présenté chez M. X... pour procéder au récolement des meubles saisis, mais que celui-ci s'y est opposé en demandant terme et délai, — requérant, au cas où l'huissier voudrait passer outre, qu'il en soit référé à M. le Président du Tribunal civil. Telle est, du moins, la constatation faite par l'acte officiel de l'huissier, lequel est signé de deux témoins (deux clercs).

Examinons maintenant comment se passent les choses. La veille, ou l'avant-veille de la vente, le débiteur se présente à l'étude pour implorer un délai. Il est à remarquer que très souvent le créancier a dit à l'huissier de faire payer par acomptes, en lui enjoignant de limiter les frais. Mais comme cela ne fait pas le bonheur de l'huissier, ce dernier se borne à dire au débiteur : « Adressez-vous à mon maître clerc, il a reçu les instructions de mon client. » Sur ces mots, il s'enferme dans son cabinet.

Il faut alors que le pauvre débiteur implore le maître clerc, qui devient farouche — s'il n'a pas affaire à un débiteur connaissant les usages.

Pourtant, le coadjuteur de l'huissier a l'air, à la fin, de se laisser attendrir. Toutes réflexions faites, il conseille au débiteur de venir, le matin de la vente, à l'étude, signer un référé.

Le débiteur est heureux, il a évité une vente, — qui n'eût vraisemblablement pas eu lieu. Voyons ce que lui coûte ce leurre...

Le matin de la vente, le débiteur vient signer le référé. L'acte stipule que l'huissier s'est transporté sur les lieux, qu'il a fait une tentative de récolement, etc. La vérité est qu'il ne s'est même pas dérangé.

Cependant, les deux témoins ont signé, l'acte est régulier dans la forme et le débiteur a à payer

13 fr. 05 de plus. Résultat : l'huissier touche ses 8 francs de vacation.

Comment appelez-vous cela ? Quand le débiteur a son éducation faite, il vient de sa propre initiative dès le matin du jour où a lieu la vente. Quelquefois, il s'y prend la veille, signe son référé, glisse un louis dans la main du maître clerc et sussure à son oreille : « Voici 10 francs de plus. Priez le clerc qui ira en référé de me faire représenter par un collègue. » En ce cas, c'est un délai de deux mois, par moitié, d'accordé.

Ne me taxez pas d'exagération, vous n'avez encore rien lu !

C'est surtout aux juges des référés sur procès-verbaux que nous donnons les explications suivantes.

Le pauvre malheureux débiteur qui se présente lui-même, sans un centime, qui ne connaît pas l'usage de graisser la patte à son adversaire, ou qui n'en a pas le moyen, trouvera dans le clerc de référé un adversaire acharné. Ce dernier refusera tout délai. Pour cent sous, on accorde quinze jours; pour 10 francs un mois par moitié; pour 20 francs, deux mois par quart ou par moitié. Que ne ferait-on pas si le débiteur donnait 50 francs !

En résumé, quand le clerc est l'adversaire acharné du débiteur, quand il lui refuse tout délai, c'est qu'en termes vulgaires ce pauvre débiteur n'a pu *éclairer*.

Est-ce là l'esprit de la loi, en 1890 ? Ces choses sont-elles ignorées de MM. les juges et du Parquet ? Si elles le sont, nous sommes heureux de porter ces faits à leur connaissance, nous faisant fort de trouver mille signatures de commerçants qui ont passé par là.

L'homme probe, l'honnête travailleur qui a besoin d'un délai de quinze jours, ne peut l'obtenir — parce qu'il n'a pas d'argent !

Au contraire, supposez que M. Z..., qui prépare une banqueroute de plusieurs millions, ait besoin d'un délai pour la modique créance de 100,000 francs qu'il doit ; il va voir le patron, il s'entend avec le maître clerc qu'il indemnise, graisse la patte du clerc de référé et obtient trois mois de répit. Nous avons vu ce fait. Il est vrai que le référé avait coûté 150 francs au débiteur ; mais au bout des trois mois, ce dernier avait filé avec quelques millions...

Nous avons étudié cette question des huissiers avec un soin tellement minutieux que nous connaisons dans ses moindres détails la composition d'une étude. Voilà ce qu'est trop souvent le clerc de référé.

Remarquez que nous n'attaquons pas tels ou tels clercs. Nous voulons ces derniers assermentés — et les honnêtes gens de la corporation ne peuvent que se joindre à nous.

Le clerc de référé est l'homme de confiance de l'huissier ; il est jugé trop insuffisant quelquefois pour être premier clerc, il est toujours reconnu assez habile pour être le bras droit de l'huissier.

Les référés avec certains juges rapporteront gros. Ainsi, quand on a bien « éclairé » on assigne plutôt devant un juge que devant un autre.

Nous devons ici rendre hommage à M. Poupardin, par exemple. Quand il jugeait les référés, il décidait, à première vue, à qui il avait affaire et quel délai il devait accorder.

Malheureusement, les juges ne connaissent pas tous les exploits — sans calembour — de MM. les huissiers ?

Voici, pour le débiteur, à quels frais entraîne le référé :

Procès-verbal .... Fr.   13 05
Ordonnance, vacation et enregis-
  trement 10 95
Signification de l'ordonnance....   9 55
                                  ----
                                   33 55

Il est abusif de signifier l'ordonnance, puisque le débiteur est présent. Mais, alors, l'huissier perdrait ses émoluments de signification. C'est-à-dire :

Original et copie.......... Fr.   2 50
Copie de l'ordonnance.........   2 »
Répertoire ....   » 10
                                  ----
                                    4 60

Or, pour l'huissier, il n'y a pas de petits bénéfices.

Nous croyons avoir prouvé surabondamment que le référé — excepté dans les cas extraordinaires — ne sert qu'à faire gagner à l'huissier : sur le procès-verbal, 8 fr. 10; sur l'ordonnance, 5 francs; sur la signification, 4 fr. 60, soit au total 17 fr. 70.

Nous n'en finirions pas, si nous voulions étudier le référé à fond. Il est même probable que nos lecteurs qui, pour la plupart, n'en ont pas passé par ces choses épouvantables, auront de la peine à croire que les officiers ministériels commettent des abus semblables.

Pourtant, nous le répétons à dessein, nous atténuons toujours et nous sommes loin de dire tout ce qui se passe.

Résumons-nous : Avec de l'argent, débiteurs, vous obtiendrez tous les délais que vous voudrez. Peu importe, du reste, ce qu'est votre créancier ! Sans argent, vous serez impitoyablement poursuivi et vendu.

L'huissier, son maître clerc et tout ce qui l'entoure, ne connaît qu'une chose : l'argent.

Voilà ce que font ces prétendus exécuteurs de la loi...

Larmes, prières, supplications, bon vouloir, probité, rien n'y fait. Ce qu'il faut, c'est payer ; c'est verser jusqu'à son dernier sou à ces vampires.

Et ne croyez pas qu'après le référé vous en serez quitte ! Non. C'est alors que naît la véritable exploitation : significations de ventes, affiches payées de la main à la main, etc. C'est là que commence le véritable bénéfice de l'huissier et de son maître clerc. Nous le prouverons dans un de nos prochains chapitres.

Nous ne pouvons dévoiler le mal sans indiquer le remède. Le référé n'a lieu d'exister qu'autant que créancier et débiteur se trouveront en personne devant le juge, en son cabinet. Le créancier verra alors s'il doit accorder du délai ou exécuter. En tout cas, l'huissier ne pourra arracher les dernières plumes du pauvre oison...

CHAPITRE XXII

Dans une étude que nous ne voulons pas nommer il existe un clerc de référé que nous pouvons prendre pour modèle. L'anecdote suivante le dépeint bien, lui — et ses confrères qui sont taillés sur le même patron.

Un jour, l'huissier Z..., son chef, avait trois référés. L'un des débiteurs était un sieur D..., beau parleur et surtout connaissant à fond les usages d'une étude d'huissier, étant agent d'affaires ; le second était un sieur C .. banquier, dont le chef de contentieux, qui s'occupait de l'affaire, connaissait bien les clercs ; enfin, le troisième débiteur était une pauvre femme P...

Le matin du référé, le sieur D... vint trouver le clerc de référé et s'entendit avec lui pour obtenir trois mois par tiers moyennant 20 francs et un bon déjeuner.

Le chef de contentieux vint trouver le clerc du référé et lui remit bien discrètement deux louis dans la main en lui disant seulement : « Deux mois par quart. »

Quant à la pauvre femme, elle ne connaissait rien des usages ; c'était, je l'ai dit, une femme simple et naïve; d'ailleurs elle n'avait pas un centime. Elle se rendit au tribunal pour implorer du juge un pauvre délai.

D... obtint facilement ce qu'il demandait, le clerc se défendant mollement.

Le banquier C... obtint aussi son délai car le clerc de référé, pour un client si généreux, dit que son client ne s'opposait pas à ce que M. le Président accorde deux mois par quart.

Mais vint le tour de la pauvre femme ; le clerc fut impitoyable. « J'ai reçu, dit-il, des instructions formelles de mon client; pas un jour de délai, je demande la continuation des poursuites. »

Heureusement pour la pauvre femme, M. P..., qui présidait les référés, fit remarquer : « Si vous ne voulez pas accorder de délai, pourquoi faire les frais d'un référé? Deux mois par quart du consentement du créancier. »

L'anecdote est authentique. Le clerc sortit

furieux. Il devait retrouver l'agent d'affaires D…
au café pour déjeuner et toucher ses 20 francs ;
mais ce dernier, ayant obtenu ce qu'il voulait,
avait filé.

Voilà comment quelquefois on obtient du
délai, en tombant sur un juge éclairé — ou en
trompant le clerc d'huissier.

CHAPITRE XXIII

Nous ne pouvons dire du référé tout ce que nous en pensons; il serait pourtant édifiant d'expliquer jusqu'à quel point les juges qui président aux référés sur procès-verbaux sont trompés par l'huissier ou son mandataire.

Ces duperies n'existeraient vraisemblablement pas si le clerc d'huissier était assermenté, s'il portait sa commission dans sa poche, et s'il était payé de manière à pouvoir faire vivre de son travail, lui et sa famille.

L'huissier, en ne payant son clerc que 100 ou 125 francs par mois pour neuf heures de travail et quatre heures de courses, force ce clerc à chercher des moyens d'existence illicites.

Nous avons expliqué combien coûtait le référé ; il entraîne encore aux frais suivants : signification de vente 7 fr. 55 et affiches 33 fr. 05. C'est

en payant ces actes de la main à la main que
le débiteur obtiendra désormais du délai. C'est
alors que, pour l'huissier, il s'agit de traiter le
débiteur comme une vache à lait, — c'est-à-dire
de l'épuiser, et de ne le tuer que lorsqu'il ne
pourra plus rapporter.

Lorsque le premier délai du référé est expiré,
l'huissier signifie la vente et exige la totalité de
la créance, car l'ordonnance stipule que, faute
d'un payement à son échéance, le tout deviendra
exigible. Quand le débiteur connaît les usages,
il va trouver le premier clerc et lui passe sa
copie avec cent sous ou 10 francs. Cela dépend
du chiffre de la créance. Il demande audit clerc
de changer le jour à huitaine. On ne refuse que
bien rarement à des arguments aussi polis.

Mais tout a une fin. Le premier clerc ne peut
sans cesse empocher tout et ne rien laisser au
patron. Il arrive donc qu'un beau jour, on refuse
de changer la date. On dit alors au débiteur :
« Vous arrivez trop tard, les affiches sont parties ! »

Le débiteur n'a qu'un moyen d'obtenir un
nouveau délai, c'est de graisser la patte du
maître clerc et de payer au patron la significa-

tion de vente et les affiches (qui sont ou ne sont pas parties) à 40 fr. 60. Avec le pourboire du maître-clerc, cela fait 50 francs, qui ne viennent nullement, d'ailleurs, en déduction de la dette.

Quelques jours après, le débiteur paye le quart aux termes de son référé. L'huissier lui fait remarquer que, puisqu'il n'a pas été payé la première fois, le tout est exigible.

En faisant, une fois de plus, luire la pièce aux yeux du maître-clerc, l'acompte est accepté, le débiteur pousse un soupir de soulagement et rentre chez lui satisfait, se croyant enfin bien tranquille.

Quelquefois, pourtant, il trouve en rentrant une nouvelle signification de vente pour le deuxième quart et cela continue ainsi jusqu'à parfait payement en principal, intérêts et frais.

Ainsi, pour une dette de 2,000 francs, à partir du référé, le débiteur pourra payer très souvent :

Pour le premier quart. Pourboire	20	»
Signification de vente et affiches		
de la main à la main.........	40	60
Deuxième quart, idem.........	60	60
Troisième quart, idem.........	60	60
Quatrième quart, idem.........	60	60
Au total.....	242	40

Voilà 242 fr. 40 qui ne figureront pas nécessairement sur la taxe, car il n'est pas un juge qui les accepterait...

Après le mal, le remède. L'huissier, pour les actes de la main à la main, vous refusera toujours un reçu; mais inscrivez exactement tout ce que vous lui payez et, arrivé au dernier moment, faites votre compte comme si vous aviez versé le capital et faites des offres réelles. L'huissier sera bien obligé de les accepter.

Toutefois, je ne vous conseillerai jamais de faire cela si vous craignez de retomber sous les griffes de l'huissier. Oh! alors, il vous vendrait impitoyablement...

Si l'huissier porte sur sa taxe trois ou quatre procès-verbaux d'affiches avec ceux que vous avez payés de la main à la main, vous pouvez, en consultant notre chapitre sur les affiches savoir combien vous rapportez à l'huissier.

Vous êtes coté d'après ce rapport, et il est presque certain que vous ne serez jamais vendu. Vous payez de trop gros intérêts !

Voilà comment et à quel prix on obtient des délais. C'est un peu cher, il est vrai, mais certains commerçants croient que cela vaut mieux que d'être vendus. Ne feraient-ils pas mieux de réunir leurs créanciers et de prendre des arrangements avec eux ? Quand on a dix affaires semblables, il est bien difficile de pouvoir arroser dix premiers clercs d'huissiers et de payer leurs patrons !   .

Nous croyons rendre un véritable service aux commerçants et à tout le monde en dévoilant ces choses. Nous sommes sûrs enfin d'attirer l'attention de tous nos législateurs sur les exploits azurés de MM. les huissiers.

Si les juges veulent contrôler nos dires, qu'avant de rendre la taxe à l'huissier dans les grandes procédures où l'on a payé par acomptes et où l'huissier a accordé des délais, ils appellent le débiteur ! Qu'ils lui demandent à quel prix il a obtenu ces délais !

Ces choses épouvantables ont lieu non seulement pour les affaires commerciales mais pour les affaires civiles, l'huissier étant chargé de l'exécution de tous les jugements.

Créanciers et débiteurs ont intérêt à s'unir pour obtenir la cessation d'abus qui ruinent tout le monde, car il est bien rare que l'huissier ne laisse pas derrière lui la faillite pour le commerçant.

Quant aux créances civiles, la plupart seraient éteintes si les acomptes avaient été versés au capital, au lieu d'éteindre des frais qui ne pourraient passer en taxe.

Nous connaissons, pour notre part, plus de cinquante dossiers qui renferment ces abominations; nous les avons compulsés et étudiés, c'est pourquoi nous en parlons sans crainte.

Que les honnêtes gens fassent comme les soldats d'un même bataillon en campagne, qu'ils serrent les rangs et s'unissent à nous, nous réussirons à obtenir justice !

Que des commissions soient nommées, qu'elles interrogent les débiteurs et prennent exactement note des sommes versées pour actes non enregistrés ! Elles verront que le Trésor aussi est frustré.

Le remède, nous ne cessons de le répéter, c'est le tarif uniforme et à la portée de tous.

C'est l'arrangement entre le créancier et le débiteur au lieu du référé.

C'est le clerc assermenté et signifiant correctement et exactement ses actes.

En un mot, le remède, c'est que le Parquet exige des huissiers qu'ils respectent la loi.

L'huissier sorti du cercle vicieux où il erre à volonté, enfermé dans les limites étroites de la loi, disparaîtra de lui-même; car avec les abus disparaîtront le prix exagéré des études, l'appât du gain à ne rien faire et l'habitude de bien vivre aux dépens des plaideurs. Ce sont toutes ces choses qui ont donné l'existence à ce microbe terrible désigné sous le nom d'huissier...

CHAPITRE XXIV

Comme quelques-uns de nos lecteurs pourraient croire qu'il y a exagération de notre part, nous tenons à leur communiquer la lettre suivante :

COPIE LITTÉRALE

9 mai 1890.

Monsieur,

Je lisais dernièrement la petite guerre que vous faites contre les bienheureux huissiers (1), ne m'imaginant pas à quel point vous aviez raison.

Tantôt se sont présentés chez moi trois individus, dont l'un se disait huissier, et les deux autres pour procéder à la saisie de mes meubles. — Un billet signée de Mme Lalanne, portant le même nom que moi, maintenant de Leclerc, figurait en signature de

(1) Cette lettre nous fut adressée lors de la publication de nos articles dans l'*Echo de Paris*.

6,900 francs. Comme je ne dois rien à personne et que jamais un billet n'a été signé de moi pour une dette quelconque, je fis remarquer à cet homme qu'il se trompait et je le priais de sortir immédiatement. Il me répondit : ou qu'il allait envoyer chercher M. le commissaire de police ou d'avoir à montrer mon bail (ce que je ne voulus pas faire, que devant ce dernier).

M. le commissaire arriva enfin au bout d'une heure et put constater que la signature était fausse, et affirmer et faire voir que la signature n'était nullement la mienne.

M. B... (tel est le nom je crois) au Palais de l'Industrie, a même ajouté n'avoir jamais entendu de reproches contre moi, au contraire (1). C'est charmant !

Enfin, monsieur, je vais en voyage souvent, admettez que je sois rentrée ce soir ou demain au lieu d'aujourd'hui deux heures, les domestiques (nouveaux chez moi) laissaient envahir, et par conséquent violer mon domicile en mon absence.

Faites de ma lettre ce que vous voudrez, je suis tellement indignée que je vous écris à peine remise de ma colère.

Je vous prie d'agréer, monsieur, mes salutations distiguées,

Signé : A. LECLERC.

Madame Leclerc, 6, rue Chambige.

(1) Ces mots, dans l'original de la lettre, sont soulignés.

Nous remercions Mme Leclerc de sa lettre, car elle doit éclairer les personnes qui ne peuvent croire aux abus que nous avons signalés.

C'est ainsi en l'an de grâce 1890! Un monsieur qui est huissier, c'est-à-dire officier ministériel, — sans précaution aucune, sans s'informer chez qui il va, s'il a bien affaire à son débiteur ou à sa débitrice, — se présente pour saisir. Quelquefois, souvent même, aucun acte n'est parvenu à ce débiteur, nous l'avons surabondamment prouvé dans nos précédents chapitres.

Tous ces excès, toutes ces iniquités (disons le mot) proviennent de ce fait, que l'huissier ne signifie jamais ses actes en personne, et que les gens qu'il emploie le plus souvent ne signifient pas avec exactitude les exploits.

Pourrait-il en être autrement? Oui, sans doute. La loi veut que l'huissier signifie en personne, et si dans les grands centres comme Paris, Lyon, Marseille, etc., il ne peut y arriver, pourquoi, de lui-même, ne demande-t-il pas le clerc assermenté? Pourquoi? C'est qu'une fois son clerc assermenté, il ne pourra plus lui donner 100 ou 120 francs par mois. Il devra compter avec lui et le payer!

11

Voilà l'origine du mal ; à nos législateurs d'appliquer le remède, en forçant l'huissier ou à signifier ses actes en personne ou à faire assermenter ses clercs.

A l'époque actuelle, tout huissier qui fait signifier ses exploits par un tiers commet un faux, car il constate toujours qu'il s'est présenté lui-même.

Consultez le code pénal et voyez la peine !

Le cas de Mme Leclerc n'est pas unique ; nous allons en citer un plus grave. Que nos lecteurs en fassent leur profit !

Mme de R... rue Taitbout, était aux bains de mer. L'huissier Y..., pour une prétendue dette de 200 francs, l'assigna, prit jugement, fit commandement, puis enfin saisit avec l'aide du commissaire de police. Les actes avaient été signifiés à la concierge qui était au plus mal avec sa locataire.

Avertie par un locataire du même immeuble, Mme de R... revint en hâte. Elle arriva juste le jour de la vente. Ne connaissant pas l'affaire et saisie de crainte, elle paya l'huissier pour une dette qui ne lui incombait pas.

Que nos lecteurs qui n'ont jamais été poursuivis et n'ont aucune dette, tremblent comme les autres ; ils peuvent, à un moment donné, être saisis par Mes X... ou Y... sans rien devoir !

Et dans ce cas, il n'y a aucun recours contre l'huissier !...

Je demande pourtant ce que deviendrait une femme malade, et surtout dans une position intéressante, si, à brûle-pourpoint, l'huissier, accompagné de ses deux gardes du corps, arrivait pour saisir chez elle ?

Dans ce cas, admettez qu'un mari survienne et brûle la cervelle à l'huissier ; que dirait le jury ?

Ces malentendus n'arriveraient certainement pas si la Chambre de discipline des huissiers, soucieuse de l'honneur de la corporation, exigeait de chacun de ses membres un stage. Pour divulguer comment on devient huissier, nous citons la lettre de M. Decœur, en priant nos lecteurs de remplacer le mot notaire par le mot huissier :

CHAMBRE DE DISCIPLINE

La première application du Suffrage universel se trouve dans la loi du 25 ventôse an XI, puisque les membres de la Chambre sont nommés à la majorité. Dès cette époque, les malins se sont emparés de cette majorité, et ils ont usé et abusé de leurs pouvoirs.

Vis-à-vis du public, les Chambres marchent comme un seul homme, et soutiennent quand même tous les membres de la corporation. Entre eux, la majorité opprime la minorité.

Un candidat incapable est sûr de passer à toutes boules blanches. Ce ne sera pas un confrère redoutable pour ses voisins, et, en raison de sa faiblesse, il n'osera pas se mettre en désaccord avec la majorité.

Chaque Chambre de discipline est une forteresse impénétrable aux habitants. En voici la preuve :

Il y a quelques années, je voulais consulter le tarif de la Chambre de Meaux, avant d'entamer un procès.

J'écrivis au président de vouloir bien me vendre ou me communiquer un exemplaire du tarif. Le président me répondit par un refus, ajoutant cependant que si, au cours du procès, M. le Procureur de la République lui demandait cette pièce, il se ferait un plaisir de la lui envoyer en communication.

C'est un comble ! Ainsi les potentats du notariat (lisez huissiers) m'appliquent un tarif, une loi, sans même que je puisse en prendre connaissance.

Dernièrement, une brave femme de ce pays demandait l'assistance judiciaire pour avoir raison d'un notaire (il en est de même pour l'huissier) qui l'avait spolié, un notaire faisant partie du bureau chargé de statuer, opposa un refus formel en disant : Je ne puis agir contre un confrère (même quand ce dernier est un spoliateur).

Lisez attentivement la suite de cette correspondance, ce qui y est dit pour le notaire s'applique de même à l'huissier.

Quand un clerc veut acheter une étude, il n'en dit jamais le prix, si élevé qu'il soit. D'abord, n'ayant rien ou peu de chose, il a tout à gagner et il n'a rien à perdre ; ensuite, il sait qu'il sera, en toute circonstance, protégé envers et contre tous.

Il existe à Paris une agence bien renseignée sur la situation des notaires embarrassés. Le directeur a un stock de jeunes gens sans fortune et désireux de s'établir ; et des demoiselles riches.

Ce directeur arrive facilement, moyennant commission, à faire traiter et marier le jeune homme.

Comment veut-on qu'il parvienne à faire honneur à ses engagements dans ces conditions :

Un prix au-dessus de la valeur de l'étude ;

Une forte commission payée à l'intermédiaire ;

De grandes dépenses de mariage et d'installation ;

De grands frais de maison, de réception, etc.

Il suffit de lire ces lignes pour comprendre d'où vient le mal, pour le supprimer, il faut :

1° Demander et exiger un stage ;

2° Un examen du candidat, soit par le Parquet, soit par des juges ;

3° Diminution des charges — ou plutôt les charges gratuites, ainsi que le veut le législateur (1) ;

4° Un tarif à la portée de tous, et le faire respecter et afficher.

(1) Le 21 février 1771, le garde des Sceaux adressait aux procureurs du roi une circulaire pour rappeler à la pudeur et menacer de la destitution les officiers ministériels qui trafiquaient de leurs charges. Cette circulaire a été rappelée fort à propos par M. Georges Berry dans l'éloquente préface qu'il a fait du livre si intéressant de M. Van Huffel : *Guerre aux frais de Justice*, qui a paru à la librairie Savine.

CHAPITRE XXV

DE LA TAXE

Continuons notre étude.

Après les atermoiements, si le débiteur veut éviter la vente, il faut nécessairement payer. Alors, le débiteur a le droit de verser seulement le principal, les intérêts et les dépens liquidés par le jugement.

Pour le reste, faire toujours taxer ; si on a versé des sommes de la main à la main, demander le compte ; enfin, faire des offres réelles. Nous expliquerons comment ces dernières se pratiquent. A titre de document, nous publions une note de frais, héritiers C... contre B... Vous verrez ce que l'on gagne à faire taxer.

C'est un propriétaire qui agit en vertu d'un bail. Le jugement est donc inutile.

1889

—

Avril 24.	Commandement............ Fr.	25 25
— 27.	Saisie..........................	21 05
	Requête et ordonnance.........	12 25
Mai 4.	Signification de ladite..........	13 55
— 4.	Procès-verbal d'affiches.........	28 45
— 7.	Récolement référé..............	21 05
— 8.	Ordonnance....................	14 05
— 11.	Signification...................	12 55
— 31.	Signification de vente...........	11 55
Juin 5.	Procès-verbal d'affiches.........	28 45
	Insertion......................	18 80
	Afficheur et tambour (c'est en banlieue)........................	6 60
— 7.	Direct. de vente et pouvoir.....	3 60
— 7.	Récolement....................	20 45
	Procès-verbal de vente.........	27 80
	Décharge de vente.............	9 45
	Affranchissement..............	» 60
	Total des frais.....	276 50
	Montant de la vente.....	11 »
	Reste dû.....	265 50

Qu'en dites-vous ?

Ainsi, voilà les frais faits par l'huissier pour une vente qui a produit 11 francs. J'ajouterai que la procédure, malgré les lettres des propriétaires, a traîné pendant deux mois et demi.

Or, voici ce que l'huissier devait faire :

Commandement.

Saisie-carence et assignation en référé, attendu que les meubles ne répondaient pas du loyer.

Référé et ordonnance.

Signification et expulsion. Dénonciation d'expulsion.

Tous les autres frais sont inutiles. La note est majorée d'au moins 50 pour 100 !

Les clients ont demandé la taxe. Le juge taxateur a réduit cette note de 62 fr. 10, c'est-à-dire de près du quart.

Nous ne pouvons dire sur quoi reposent les réductions de M. le juge taxateur, l'huissier X... ayant gardé l'original de la taxe, contre tous droits.

Nous signalons, par contre, cet abus au Parquet.

Tout cela n'est rien encore. Il y a des faits plus graves. Je veux parler de la violation de domicile.

Qu'on lise la lettre ci-dessous, on sera édifié :

11.

Clichy, 27 avril 1890.

Monsieur Fernand Xau,

Voulez-vous me permettre de vous citer un nouveau fait à propos de la si juste campagne entreprise par vous contre l'honnêteté modèle de MM. les huissiers.

Par acte enregistré à Paris le 14 novembre, j'ai acquis un fonds de teinturerie, sis rue Godot-de-Mauroy, n° 42. Le 22, un très jeune et pétulant huissier, M. X..., se présentait à mon magasin sous prétexte de saisir M. Dupont. Ma gérante lui faisant remarquer qu'il se trompait, qu'il était chez Berton et non chez Dupont. Ce modèle de fonctionnaire lui répondit : *Ce n'est pas aux vieux singes qu'on apprend à faire la grimace.* Et il procéda à la saisie.

Admettant une erreur, je me suis rendu hier chez ledit M. X... et lui ai mis sous les yeux et mon acte d'achat, et la pièce émargée par tous les créanciers, à qui, sur leur opposition, j'ai distribué mon prix d'achat. Le sieur X..., après avoir vérifié la mention d'enregistrement, me dit : « *Je ne crois même pas à ce que je vois...* Vous revendiquerez et nous irons en référé... » Que dites-vous de cette manière de créer de la besogne d'huissier à huissier ? Je l'ai prévenu que j'allais porter une plainte en violation de domicile. Est-ce que tout cela finira devant la Chambre des huissiers? Voudriez-vous avoir l'obligeance de me dire s'il y a quelque autre chose à faire.

Veuillez agréer, monsieur, mes civilités les plus empressées.

Un de vos lecteurs assidus,

E. BERTON.

Rue Valiton, à Clichy.

Ainsi, voilà un commerçant qui, de bonne foi, achète un fonds, fait faire les insertions légales et paye. Cinq mois après, un huissier vient le saisir pour une dette incombant à son prédécesseur!

Voici le conseil que nous donnons à M. Berton : Si on l'assigne en référé, ne pas se déranger. Il est pour lui inutile de perdre son temps.

Si l'huissier a l'aplomb de faire des affiches, il faut absolument qu'il fasse une revendication. Cela lui coûtera au moins une trentaine de francs, puis il aura à verser une provision à l'avoué qu'il constituera pour suivre sur la revendication. Comptons 100 francs. Il aura également à payer un avocat pour plaider la cause. Ci, au minimum, 100 francs.

Enfin, quand le tribunal lui aura donné gain de cause et peut-être alloué 200 francs de dommages-intérêts, il aura dépensé 300 francs et perdu son temps !

Est-ce donc là la loi ? Quant à déposer une plainte, inutile d'y songer. L'affaire sera renvoyée devant la Chambre, qui nommera un de ses membres, lequel donnera raison au confrère. C'est de règle. Ce qu'à la place de M. Berton je ferais, c'est, en même temps que la revendication, une assignation directe en responsabilité contre l'officier ministériel. Je sais bien que tous les huissiers se refuseront à la faire et demanderont d'abord l'autorisation à la Chambre ; mais telle n'est pas la loi et on peut le leur prouver !

L'huissier, quel qu'il soit, doit signifier un acte quelconque contre n'importe qui, quand il est requis de le faire.

Avec un bon avocat qui prendra la cause à cœur et plaidera consciencieusement, l'huissier sera condamné.

Enfin, si l'on ne donne pas la suite voulue à la plainte, il y a lieu de voir M. le Procureur de la République en personne et de lui expliquer les faits.

Le domicile de tout citoyen est inviolable,

excepté quand il y a un titre exécutoire. Or, le titre valable contre Dupont est sans valeur contre Berton. Si pareil fait se renouvelle, nous conseillons à nos lecteurs de mettre poliment l'huissier à la porte avec tous les honneurs dus à sa qualité.

Par suite d'une bonne fortune bien rare, nous pouvons donner copie d'une taxe avec les diminutions imposées par le juge taxateur.

Copie littérale de la taxe :

M⁰ X..., huissier, requiert la taxe des frais dont le détail suit :

Affaire D. L..., et de V... et F...

	Demande de l'huissier	Taxe du juge
Signification de jugement..Fr.	12 75	12 75
Saisie-arrêt V.........	9 55	8 55
Dénonciation....................	9 55	8 55
Contre-dénonciation	9 55	8 55
Commandement...................	8 65	8 65
Procès V. Acquiescement F....	13 05	11 05
J. V. Opposition V............	13 05	11 05
Acquiescement s.-s.-p. V......	5 60	5 60
A reporter....	81 75	74 15

Report....	81 75	74 15
Saisie F..........................	- 13 05	13 05
Saisie V..........................	13 05	13 05
Requête F......................	9 25	9 25
Signification F................	8 55	8 55
Affiches........................	26 05	23 05
Récolement référé.............	13 05	11 05
Affiches........................	26 05	23 05
Ordonnance de référé..........	10 95	10 95
Signification.....................	8 55	8 55
Signification vente.............	7 55	» »
Affiches........................	26 05	» »
Signification vente.............	7 55	» »
Affiches........................	26 05	» »
Signification vente.............	7 55	» »
Affiches........................	26 05	» »
Signification vente.............	7 55	7 55
Affiches........................	26 05	23 05
Signification vente.............	7 55	7 55
Affiches........................	26 05	23 05
Récolement......................	12 45	12 45
Timbre taxe.....................	» 60	» 60
	391 35	269 55

Ainsi, le juge taxateur a réduit la somme de
391 fr. 35 réclamée à 269 fr. 55. C'est donc une
diminution de 121 fr. 80. Si nous déduisons les
droits de timbre et d'enregistrement, nous

voyons que le juge a diminué 80 pour 100 des émoluments de l'huissier.

Trois significations de vente et trois procès-verbaux d'affiches ont été annulés.

Il s'agissait d'une créance de 857 francs, et voici les frais que l'huissier réclamait :

Dépens liquidés...................	45 21
Enregistrement..................	6 88
La note copiée ci-dessus.......	391 35
Au total...........	443 44

Comment voulez-vous qu'un négociant résiste à de pareils mémoires? C'est pour lui la faillite à plus ou moins brève échéance.

Et ne croyez pas que ce soit fini.

Le 27 juillet nous avons frais...Fr.		442 44
2 noût...	Signification de taxe..........	11 45
6 aout...	Signification de vente..........	7 55
14 août...	Affiches......................	26 05
11 sept...	Signification de vente..........	7 55
16 sept...	Affiches	26 05
18 sept...	Récolement-sursis.............	13 68
13 octob..	Signification de vente..........	7 55
14 octob..	Affiches......................	26 05
	A reporter..........	568 37

	Report........	568 37
16 octob..	Récolement-réception....⸗......	13 70
3 nov....	Signification de vente.........	7 55
4 nov....	Affiches......................	26 05
6 nov....	Procès-verbal de réception....	13 70
22 nov....	Signification de vente........	7 55
	Total des frais.....	636 92

Soit 194 fr. 48 de frais depuis la taxe !

J'ajouterai que ces nouveaux frais ne seront pas taxés. De plus, l'huissier s'empresse de compter 26 fr. 05 de procès-verbal que le juge taxateur a passé à 23 fr. 05.

Comment qualifiez-vous ces façons d'agir ?

Le commerçant qui nous a remis ces documents — car nous écrivons pièces en mains — avait cinq affaires litigieuses chez les huissiers. Cela a suffi à le faire déclarer en faillite.

Pourrait-il en être autrement avec de semblables états de frais ?

Dans la copie de taxe que nous avons donnée plus haut, nous avons supprimé une colonne, celle de la taxe de la Chambre de discipline : elle était conforme à la demande de l'huissier, ce qui prouve une fois de plus que ces messieurs sont compères.

Dans notre correspondance, nous relevons un cas assez commun.

M. S... (nous taisons le nom, qu'on nous a prié de ne pas publier) remet à l'huissier X... une traite de 150 francs pour fourniture de meubles contre un nommé L... L'huissier trouve le moyen de faire 241 fr. 03 de frais inutiles et de ne pas mettre opposition contre un des débiteurs qui a à toucher une certaine somme comme legs de Mme Boucicaut. Le pauvre marchand de meubles en est réduit à payer les frais. Il se plaint à l'huissier, on ne lui fait même pas l'honneur d'une réponse.

Enfin, nous recevons une lettre de M. Sardet, qui nous soumet une citation en justice de paix qu'il a reçue. Cette citation est illisible. Impossible de la déchiffrer. Pourtant l'huissier la compte 10 fr. 28. Pourquoi ?

Mystère et papier timbré !

Voici, en effet, le coût d'une citation de paix :

Original..............................	1 50
Copie.............................	» 40
Enregistrement.....................	2 83
Timbre.............................	1 20
Placement..........................	» 20
Soit au total...	6 13

D'où je conclus que le coût de 10 fr. 28 est au moins fantaisiste !

Et dire que la plupart du temps il faut payer. Pourtant on a le droit de recourir à la taxe.

CHAPITRE XXVI

DE LA VENTE

Enfin, nous arrivons au grand jour, au jour solennel où l'huissier va couronner tous ses exploits. Après lui avoir pris ses derniers écus, en lui accordant délai sur délai, il s'apprête à vendre le malheureux débiteur.

L'heure a sonné de le sacrifier à son créancier; il n'a plus un centime en caisse, sa montre et sa pendule sont au Mont-de-Piété et l'avant-veille il n'a même pas pu donner les 2 francs à l'afficheur.

Le récolement pour de bon a lieu et les meubles, les hardes sont emportés à l'Hôtel des Ventes; frais et souriant, l'huissier voit le désespoir du débiteur et de sa famille, il a encore un bénéfice sur cet enlèvement, les camionneurs de l'Hôtel des Ventes lui font une remise sur le transport.

Messieurs les Juges, le saviez-vous ?

Si la vente a lieu sur place, l'huissier ne touche pas sa petite remise ; mais il n'est pas obligé de faire enlever les meubles de sorte qu'il y a compensation.

Que penser de cette vente à domicile, où une foule de brocanteurs et de camelots avides se précipite à la curée, riant d'un vieux bahut de famille, se gaussant de tel ou tel détail intime, sans voir les larmes de la mère, le désespoir des enfants et les poings contractés du père.

Il n'y a que ces brocanteurs et ces camelots à la vente et pour cause.

Les affiches, ces malheureuses affiches que l'huissier compte si largement sur son procès-verbal, n'ont pas été apposées. Pas de publicité, pas d'acheteurs, si ce ne sont ceux racolés par le commissaire-priseur ; pas d'enchères car il n'y a que des compères. C'est une ruine complète.

S'il y avait des amateurs cette glace se vendrait 100 francs ; mais comme il n'y a personne, elle est adjugée pour 10 francs, et ainsi de suite.

Allons, monsieur l'huissier, si votre procès-verbal est de 33 fr. 05 vous avez compté 12 fr. 50 d'affiches. Et cette petite somme que vous avez encaissée sans bourse délier, car vous n'avez pas fait les affiches, va causer la ruine d'un honnête homme et la perte de la créance de votre client; mais, qu'importe, vos frais seront payés!

Le débiteur vendu, ruiné, conspué, vous présenterez votre note de frais au créancier, qui sera obligé de vous payer; votre caisse se remplira et vous vous frotterez les mains. Quel beau, quel noble métier que celui d'huissier!

Nous savons bien que le malheureux créancier fera grise mine quand l'huissier lui présentera sa note de frais, mais, ce dernier en profitera pour conseiller à son client de poursuivre le débiteur en faillite. Voici sa manière de causer : « Bah, il s'est laissé vendre, mais il a de l'argent et ne se laissera pas déclarer en faillite ! »

Le créancier n'hésite pas, il donne l'ordre d'assigner en faillite comme s'il y avait eu saisie-carence.

L'huissier est au comble de la joie, sa note sera encore grossie d'une assignation, d'un pouvoir et d'un jugement.

C'est alors que, sous le couvert de son clerc, l'huissier devient mandataire _de ses clients, contre le vœu de la loi. C'est un bénéfice assez gros pour lui, car les vacations aux opérations d'une faillite seront généralement comptées 20 francs; il y aura aussi le bordereau, 5 fr. 60, qui ne comprend comme déboursé que le timbre, etc.

Quand nous aurons parlé du transport et dit un dernier mot sur les affiches, nous aurons mis à nu à peu près tous les profils illicites que l'huissier fait dans une procédure commerciale.

En effet, il est bon de faire remarquer à tout le monde que, sur le procès-verbal d'affiches de 33 fr, 05, l'huissier qui compte vingt-cinq affiches ne les fait jamais coller. Nous l'avons déjà dit et nous le répétons à dessein. Mais, outre qu'elles ne sont pas apposées, elles ne sont jamais faites — et par conséquent l'huissier bénéficie, non seulement du papier qu'il compte, du travail et du colleur, mais encore des 3 francs qu'il devrait payer au timbre s'il faisait son devoir, car nul n'ignore qu'une affiche doit être timbrée.

De ce fait, l'huissier gagne par procès-verbal environ 3 francs, — c'est-à-dire que pour les huissiers de Paris cela représente environ 150,000 francs par an, au détriment de tous les contribuables.

CHAPITRE XVII

DU TRANSPORT

Dans les chapitres précédents, nous avons démontré que les huissiers en prenaient à leur aise avec les exploits — que, seuls, les malheureux clercs signifiaient, pendant que le propriétaire de l'étude percevait invariablement les bénéfices et plumait pour lui seul débiteurs et créanciers.

Nous défions qui que ce soit de s'élever contre nos justes revendications; nous ne disons que la vérité en atténuant presque toujours. Ce que nous allons révéler maintenant n'est pas flatteur pour MM. les huissiers, car nous allons parler du transport. Nous nous limitons nécessairement aux huissiers de Paris, mais que les autres en fassent leur profit.

Lorsqu'un acte est signifié hors Paris, l'huissier compte invariablement un transport qui varie entre 4 et 6 francs, quelquefois plus.

D'après le tarif, le transport est de 4 francs par cinq kilomètres (2 francs pour les actes de justice de paix). L'huissier ne doit toucher le transport qu'autant qu'il s'est transporté lui-même au lieu dit pour signifier son exploit — ce qu'il ne fait jamais. C'est donc un clerc qui fait la besogne, et c'est l'huissier qui touche les émoluments.

Savez-vous ce que l'huissier donne à son clerc pour signifier un acte en banlieue? Il lui alloue simplement ce que le clerc peut dépenser en prenant l'omnibus ou le tramway, voilà tout.

Exemple :

Un clerc part de l'étude à six heures du soir avec vingt courses dans Paris; pour ses vingt courses, l'huissier lui payera peut-être 0 fr. 30 d'omnibus, quatre banlieues, Vincennes, Ville-momble, Charenton et Pantin. Ainsi, il comptera 4 francs de transport pour trois banlieues, 6 francs pour une autre, quand il allouera à son clerc, qui ne peut rentrer avant minuit, 1 fr. 20 ou 2 francs.

Nous le répétons à dessein, les études d'huissiers, ne sont à l'époque actuelle que des fabriques d'exploits et des centres d'exploitation.

Tandis que l'huissier dort tranquillement, son clerc affamé court les rues de Paris ou de la banlieue...

En un mot, l'huissier se rit de la misère des débiteurs, de la naïveté des créanciers qui lui ont confié leurs intérêts, et pressure habilement ses malheureux employés.

Exploiter, voilà toute l'habileté, tout le talent de l'huissier !

Pourtant, quelques-uns de ces messieurs sont licenciés en droit, voire quelquefois docteurs; mais ils oublient facilement leurs notions de droit quant ils sont à la tête de leur usine à papier timbré. C'est charmant d'être huissier, comme l'entend *l'huissier de Paris* : ne rien faire et gagner beaucoup c'est la règle; ruiner les autres et s'enrichir, c'est la seule besogne! Et tout cela à l'ombre tutélaire de la loi et sous la haute protection du Parquet impuissant à réprimer les abus. — « Les usages », dit-on !...

Savez-vous ce que l'huissier devrait gagner dans son étude en moyenne, s'il agissait d'après la loi et le tarif? Pour huit mille actes, il devrait gagner 24,000 francs environ. Savez-vous en réalité ce que lui rapportent ces huit mille actes?

42,000 francs. Soit un honnête et illégitime bénéfice de 18,000 francs sur le tarif...

Nous ne craignons pas d'être démenti et nous demandons une enquête ;— une enquête sérieuse et approfondie sur les agissements de ces messieurs.

CHAPITRE XVIII

DES RÉFORMES A OPÉRER DANS LES CHAMBRES DE DISCI-PLINE ET CHEZ TOUS LES MEMBRES DE LA CORPORATION DES HUISSIERS

En attendant la suppression des charges d'officiers ministériels, du moins comme elles existent en ce moment, nous croyons que quelques réformes s'imposent.

Ces réformes contre l'abus ou l'usage, nos lecteurs peuvent les appliquer d'eux-mêmes. Résumons notre travail :

1° L'huissier doit signifier ses exploits lui-même ;

2° Quand il constate sur ses actes qu'il s'est transporté dans un lieu sans l'avoir fait, il y a faux ;

3° L'huissier majore ses notes d'une façon déplorable ;

4° Il compte avec désinvolture des affiches qui n'ont jamais existé ;

Eh bien, les commerçants peuvent à leur tour rendre la vie intolérable à l'huissier.

Chaque fois qu'un exploit est présenté, prier le clerc d'entrer, fermer la porte sur lui et aller chercher le commissaire de police pour constater à qui l'on a affaire; surtout, ne pas se tromper et bien voir si l'on a affaire au patron en suivant les conseils que nous avons donnés précédemment. Aussitôt le constat du commissaire de police fait, l'adresser avec une plainte à M. le ministre de la Justice.

Quand l'huissier constate qu'il s'est transporté à tel endroit, lorsqu'il a seulement envoyé son clerc, — si vous arrêtez ce clerc, le faux sera reconnu, et, évidemment le nombre considérable de plaintes qui arriveront entre les mains du ministre de la Justice finira par l'émouvoir.

Ne jamais payer une note d'huissier, si minime qu'elle soit, sans exiger qu'elle soit taxée, et quand la taxe n'est pas conforme au tarif, y former opposition; ne jamais acquitter aucun acte de la main à la main, sans en prendre note et à la fin de la procédure envoyer ce relevé au Parquet, en portant plainte. Vous l'avez vu d'après les mémoires que nous avons publiés, un procès-verbal qui est compté 26 fr. 05 est taxé 23 fr. 05; lorsque l'huissier fait payer de la main à la main c'est le prix fort. Quant aux affiches, faites constater qu'elles n'existent pas et le jour où l'huissier veut vous vendre, inscrivez-vous en faux contre lui, vous vous en trouverez bien.

Voici les réformes qui, pour nous, s'imposent à l'époque actuelle :

1° Les Chambres de discipline, présidées par des membres du Parquet, chargés d'examiner les plaintes;

2° Les candidats huissiers passant un examen par des juges;

3° Un tarif affiché dans chaque étude;

4° Une commission chargée de vérifier, au moins mensuellement, les livres des huissiers, et de leur faire respecter le tarif;

5° Que les clercs soient assermentés; qu'ils soient nommés deuxièmes clercs après un stage et un examen, et premiers clercs ensuite, après un nouvel examen sérieux; qu'avant de leur faire prêter serment, on prenne sur eux les renseignements les plus complets.

6° Que les huissiers ou les clercs ne puissent signifier un exploit quelconque sans avoir leur commission en poche, dont ils devront exciper à toute réquisition ;

7° Que tout huissier grossissant ses mémoires au-dessus du tarif soit destitué ;

8° Que tout huissier constatant par un faux qu'un exploit a été fait quand il n'existe pas soit également destitué et responsable de dommages-intérêts envers les parties.

9° Qu'un seul bureau d'Enregistrement soit créé pour tous les huissiers de Paris, rue de la Banque, par exemple, et sous le contrôle et l'inspection d'une commission des finances.

Quand nos législateurs auront pris ces mesures, l'huissier ne sera plus un être dangereux, — et nous pourrons enfin respirer.

CHAPITRE XIX

DU CONSTAT ET CORRESPONDANCE

Nous voulions réserver la question du constat pour les affaires civiles, mais la lettre suivante que nous recevons nous force d'en parler.

Cher Monsieur,

Comme ami de Mme de R..., chez qui j'ai eu le plaisir de vous rencontrer, je prends la liberté de vous adresser sous ce pli copie de ma lettre adressée ce jour au président de la Chambre des huissiers ; vous verrez la façon dont s'est comporté, chez moi, l'huissier X..., contrairement à la loi et à tous les usages, pour constater qu'il y avait des fleurs sur mon balcon.

Je profite de la circonstance pour vous offrir mes félicitations à propos de votre légitime campagne, etc.

Veuillez agréer, etc.

Signé : BARDIN,
14, rue de Maubeuge.

9 mai 1890.

Inutile de reproduire la plainte qui, hélas! n'aura aucun effet — du moins nous le craignons. En principe, les Chambres de discipline donnent toujours raison au confrère, quoi qu'il arrive. (Voir à ce sujet la lettre de M. Decœur, que nous avons publiée en son entier, sur les Chambres de discipline).

Pourtant, n'est-il pas scandaleux que, pour un constat, c'est-à-dire un acte pour lequel l'huissier n'a aucun titre, ce dernier pénètre chez une personne honorable, le chapeau sur la tête, force presque les portes et menace d'envahir les coins les plus secrets de l'appartement?

Nous avons, au commencement de cette étude, parlé de ce que l'huissier gagne, — pour nous servir de cette expression, — sur le constat.

Examinons à quoi sert le constat :

L'huissier est requis de venir constater que tel ou tel objet a été déposé ; que M. B... a des fleurs sur son balcon, et, pour cela, il compte 17 fr. 45. C'est un peu salé ; pourtant son constat est, les trois quarts du temps, inutile.

MM. les juges savent fort bien ce que vaut un constat ; l'huissier est payé pour dire telle chose, il la dit, voilà tout; mais c'est avec bonheur qu'il fait cet acte, qui lui donne un semblant d'importance et lui rapporte gros.

Quelquefois, souvent même, l'huissier ne fait pas lui-même le constat; un clerc va à l'endroit désigné, prend quelques notes et revient à l'étude, où le constat est rédigé; pourtant le procès-verbal constate que l'huissier s'est transporté sur les lieux et a vu la chose.

Ne devrait-on pas forcer l'huissier à rédiger son constat sur place et à en laisser copie?

Nous savons bien que cela ferait du tort à l'huissier, car non seulement il fait un constat, mais il le dénonce, — c'est-à-dire le signifie.

La dénonciation du constat coûte :

Original et copie.................	2 50
Timbre...... ,................,......	1 20
Enregistrement...................	3 75
Copie du constat.,...............	2 »
Répertoire.................,......	» 10
Au total.....	9 55

Cela rapporte à l'huissier 5 fr. 60, et c'est un acte inutile; en forçant l'huissier à laisser une copie du contrat, on éviterait ces frais qui sont frustratoires, et on permettrait à la personne, contre qui le constat a été fait, de protester contre cet acte.

Nous avons vu, dans certaine procédure, faire cinq ou six constats, ne pas les dénoncer, et l'avocat s'en servir à la barre contre un adversaire, qui ignorait ces pièces. Si on laissait copie du constat, on éviterait ces surprises.

Que de choses il y a à faire! Que de réformes à opérer! Tout le monde y gagnerait, — sauf l'huissier.

Mais, permettez-moi de vous dire, chers lecteurs, que la gent huissier est si peu intéressante qu'elle trouverait bien peu de monde pour la plaindre...

Nous souhaitons donc qu'à l'avenir le constat soit fait avec un peu plus de courtoisie et que l'huissier, qui constate à tort à travers, soit forcé de laisser immédiatement une copie de son exploit; cela le forcera à se déranger en personne, et permettra de protester contre un acte, plus souvent vexatoire qu'utile.

CHAPITRE XXX

PROJET D'UNION DES COMMERÇANTS CONTRE L'HUISSIER

En attendant que nous obtenions justice, nous croyons faire plaisir aux commerçants, industriels, banquiers, etc., en leur apprenant par quel moyen pratique nos voisins les Anglais ont arrêté les frais des huissiers.

Les négociants et marchands anglais, avec leur esprit pratique, ne pouvaient faire autrement que de chercher à tourner la difficulté et à s'affranchir des griffes du « sollicitor ». Supprimer l'huissier, c'était impossible ; le forcer d'appliquer son tarif, c'était non moins utopique, car ces messieurs ont toujours des « retours de bâton » où le plus malin n'y verrait goutte. Et puis, comment contrôler leurs actions ? Il fallait donc trouver autre chose.

Qu'ont fait les négociants anglais ?

Ils se sont tenu ce raisonnement : dans l'huissier, il y a (puisqu'on ne peut pas s'en passer) du bon et du mauvais, — plus de mauvais, il est vrai, que de bon ; — eh bien ! cherchons un moyen de ne prendre que le bon et de laisser le mauvais. Ils ont alors trouvé que le bon consistait à n'employer les services de l'huissier — qu'à la dernière extrémité, et à faire leurs affaires eux-mêmes, à l'amiable et sans bourse délier. Très malins les Anglais !... Ils n'emploient donc (du moins l'association que je vais décrire ci-après) les services de l'huissier que si tous les autres moyens ont échoué ; en un mot, comme mesure *in extremis*. Car, pour être juste, il faut reconnaître que si, parmi les huissiers, il y a d'affreux vampires, il y a aussi de fichus clients et des exploiteurs indécrottables. Eh bien ! c'est pour ceux-là, et pour ceux-là seulement, qu'on a recours à l'huissier et à son attirail de tortures. Voici la note que nous avons reçue à ce sujet d'Angleterre :

Moyennant une cotisation annuelle de..., variant suivant l'importance commerciale des sociétaires, de 25 à 500 francs, les fabricants, négociants et marchands d'une ville se réunissent entre eux pour for mer une association qui aura pour but de représenter et de défendre leurs intérêts, tout en ménageant le crédit et la réputation de leurs clients.

L'association se charge alors, à un tarif excessivement minime :

1° De trancher les questions litigieuses ;

2° De fournir des renseignements sur la solvabilité des clients ;

3° De soumettre au Parlement les questions pouvant intéresser le commerce et l'industrie ;

4° De l'encaissement des créances récalcitrantes ;

5° Des faillites, etc., etc., etc.

En outre, cette même association fournit hebdomadairement ou mensuellement, au gré des sociétaires, le compte rendu des jugements du Tribunal de commerce ; la liste des demandes en dépôt de bilan, les déclarations de faillites, la promulgation des lois de commerce, les tarifs de douane internationaux, ainsi que des extraits de rapports émanant des consuls à l'étranger. En un mot, sans frais, sans dérangements, sans risques aucuns, les sociétaires se déchargent sur l'association de toutes les questions difficiles et sont mille fois mieux servis et renseignés que s'ils voulaient le faire eux-mêmes ; et enfin, ce qui a bien sa valeur aussi, leur but principal est atteint en évitant la perte de temps toujours si préjudiciable dans les affaires : *Time is money*.

Dans l'exposé que je vous donne des différentes branches de l'association, je laisserai de côté les paragraphes 1, 2, 3 et 5, qui n'intéressent pas directement la *Question des Huissiers*, pour ne m'occuper que du chapitre IV : « De l'Encaissement des créances récalcitrantes. »

Nous voyons donc groupés en association un certain nombre de marchands, de négociants, d'industriels qui peuvent en toute liberté d'esprit vaquer à leurs occupations sans avoir le souci, le tracas des créances pénibles, puisque « l'alter ego » qu'ils ont créé se charge de cela pour leur compte et sans frais. Toutefois, le but des sociétaires, si désireux qu'ils puissent être d'obtenir le payement de leurs factures, est avant tout, comme je l'ai dit, d'arriver à ce résultat par la douceur; sans attaquer le crédit de leurs clients, sans les tracasser par des vexations inutiles, et surtout sans les ruiner souvent en les jetant en pâture aux tribunaux et aux sbires de la basoche. Ce qu'ils ont voulu créer, c'est une sorte d'association à la papa, conciliante, bonne fille et qui ne demande aux récalcitrants qu'un peu de bonne volonté pour que tout se passe sans bruit, sans mal ni douleur, et surtout sans frais, en donnant tout le temps nécessaire pour sortir souvent d'un état de gêne momentané, sans préjudice, toutefois, des mesures de rigueur dans le cas où la douceur n'exercerait plus sa salutaire influence.

Voici maintenant quel est le mode d'opérer pour le recouvrement des factures en souffrance; il est excessivement simple : chaque sociétaire est possesseur d'un carnet à souches contenant un certain nombre de bulletins, disons cinquante ou cent, que la Société lui vend à raison de 0 fr. 50 le bulletin. Ce bulletin est la rétribution de la société pour chaque dette à recouvrer. Lorsque, fatigué de ses insuccès personnels auprès de son client pour en obtenir satisfaction, le sociétaire reconnaît une certaine indifférence ou un mauvais vouloir qu'il ne pourra vaincre, il cesse d'agir lui-même : Il s'efface — Il envoit simplement à la société :

1° Sa facture ;

2° L'adresse exacte de son client ;

3° La copie de sa dernière lettre de réclamation ;

4° Et joint au tout un des bulletins du carnet à souches.

Voilà donc mon sociétaire débarrassé d'une créance non seulement ennuyeuse, mais encore onéreuse ; car, chaque mois, ne fallait-il pas faire tout un travail d'écritures : relevé du compte, pointage, lettre de réclamation, affranchissement, etc., sans compter la perte de temps que nécessitait ce travail qui devait ne rien produire ! Il respire librement, sa créance est entre les mains de sa bonne société, il n'a plus d'inquiétudes, il sait que tout se passera sans bruit, doucement, sans vexations, et que chaque semaine ou chaque mois un fort acompte rentrera dans sa caisse, Et puis, il n'est plus exposé comme autrefois, alors qu'il était forcé de remettre ses affaires entre les mains d'un huissier, à des petites sorties du genre de celle-ci, souvent faites en plein magasin, au milieu d'autres acheteurs :

... Monsieur, le tour que vous m'avez joué est ignoble : Comment, pour une cinquantaine de francs que je vous devais, vous avez eu le toupet de me mettre entre les pattes de votre huissier ! J'ai eu à payer 12 francs de frais, sans compter tous les potins que font sur moi le concierge et le charbonnier du coin ! Vous n'êtes qu'un pignouf, et vous pouvez être certain que je vais faire de la réclame pour votre boîte. — Voilà donc un ennemi.

En agissant avec le concours de la société, il n'a blessé les susceptibilités de personne ; son client, n'ayant aucune raison de lui en vouloir pour avoir réclamé convenablement sa facture, lui demeure fidèle et ne va pas ailleurs... Voilà pour le sociétaire.

Que fait alors la Société ?

Elle informe simplement par une lettre le débiteur, qu'à partir de ce jour, la créance que M. X... avait contre lui, a été remise entre les mains de l'association. Que dans le but d'éviter des frais de justice, des poursuites et les ennuis qui en résultent, elle le prie de vouloir bien, dans les trois jours qui suivront la réception de la présente, passer au siège de la société pour prendre avec elle des arrangements pour l'extinction de la dette. Dans le cas où le débiteur serait dans l'impossibilité de se présenter, il a encore la facilité de pouvoir transmettre ses offres par écrit.

Pour des sommes au-dessous de 50 francs, la société fixe généralement des payements hebdomadaires : ceci d'ailleurs tient à ce qu'en Angleterre, tous les travailleurs sont payés à la semaine : Au-dessus de 50 francs la société transmet les offres au sociétaire qui accepte ou refuse, jusqu'à ce qu'il y ait accord, ce qui arrive presque toujours, puisque chacun des intéressés y met de la bonne volonté.

Or quatre-vingt-dix-neuf fois sur cent, du moins c'est la proportion qui m'a été donnée, jamais un débiteur n'a manqué soit de se rendre à la société, soit de s'entendre par correspondance. De plus, et toujours dans les mêmes proportions, les premiers versements sont effectués avec une très grande ponctualité.

Lorsque les arrangements sont pris, le débiteur effectue, séance tenante, un premier versement, qui a été fixé et consenti par l'association et le sociétaire : C'est la sanction du nouvel arrangement, du nouveau répit accordé au débiteur. On lui remet une fiche dont je vous donne ci-joint le fac-similé et portant mention de l'arrangement pris, ainsi que du premier versement effectué qui se trouve toujours déduit du principal, après chaque versement, ce qui simplifie de beaucoup les écritures et permet d'opérer les encaissements hebdomadaires en moitié moins de temps. C'est ce que l'on peut appeler une vraie fiche de consolation.

MERCHANTS' ET TRADERS' ASSOCIATION

Nº ▬▬▬▬▬▬

Mr W..... Taylor V. M^r So et So

The following agreement has been made bet ween the Association et M^r So et So.

10/- per week

	AMOUNT OF DÉBT	£ 2. 0.0
15th April paid		10
		£ 1.10.0
22^d » »		5.0
		£ 1. 5.0
29th » »		2.6
		£ 1. 2.6
5th May ❀		5
		17.6
12th » »		10
		7.6
19th » »		7.6

Settled
With thanks
for Mr W. — The Association (*Signature*).

En remplissant d'une façon fantaisiste l'une de ces fiches, j'ai voulu appeler votre attention sur la manière bonne enfant avec laquelle agit toujours la société envers un débiteur rempli de bon vouloir.

Voilà donc une dette de 2 liv. st. 0. 0. qu'il avait été convenu d'éteindre en quatre payements de 10/- chaque, ou en quatre semaines. Mais, comme je l'ai dit, la société ne veut pas la mort du débiteur ; elle s'est dit : voici un pauvre diable qui devait 2 liv. st. 0. 0. il a commencé par payer 10/-, le quart ; c'est déjà quelque chose : la semaine suivante, il nous verse encore 5/-, c'est une marque de bonne volonté, nous n'en demandons pas davantage. Au lieu de quatre semaines, il en met six c'est vrai, mais la dette est éteinte. Le débiteur qui n'est ni menacé ni houspillé, remplit ses engagements ; l'association atteint son but, le sociétaire touche son dû, et tout le monde est content.

Maintenant, pour vous donner dans son entier le fonctionnement de ce système, je vous dirai que lorsque la fiche est « settled », crédit du montant est porté au folio du sociétaire et une lettre lui est adressés l'informant que la somme de 2 liv. st. 0. 0. montant de sa créance sur M. X..., a été payée et que ladite somme, moins 1 franc ou 1 fr. 50 de commission pour l'association, est tenue à sa disposition.

Voilà en quelques mots l'exposé des rouages du système en ce qui concerne les débiteurs honnêtes, et pleins de bonne volonté ; or, je dois dire pour en avoir reçu l'affirmation de la bouche même du directeur de l'une de ces associations, que les débiteurs honnêtes sont majorité.

Ainsi, voilà un négociant qui ne pouvait obtenir son argent. Il remet sa créance à l'association et aussitôt celle-ci obtient ce que lui n'avait pu faire. Il obtient satisfaction sans mal ni douleur. Il n'a pas
13.

froissé l'amour-propre de son client, il n'a pas porté
atteinte à son crédit et de plus il n'a pas mis bête-
ment dans la poche des huissiers 12 ou 15 francs. Et
que lui en coûte-t-il pour cela ? environ 2 fr. 50.

Il est dès lors facile de comprendre quels bénéfices
le commerce et l'industrie française pourraient retirer de ces associations, tout en évitant de détruire
le crédit de tant de pauvres diables au profit de
MM. les huissiers. Et notez bien que plus je réflé-
chis à cette idée, plus je la crois pratique en France :
car, par exemple, rien n'empêcherait les propriétaires
de faire également partie de ces sortes d'associations.
Mais, me direz-vous, ils sont rentiers et ne peuvent
être assimilés à des négociants. Pardon, ils font argent de leurs locaux au même titre que le marchand
de sa toile ou de son drap — les appartements, voilà
leur stock. Or, dans les quartiers ouvriers où les
termes de loyers sont minimes, 50, 60, 80 ou 100 fr.,
ce sont MM. les propriétaires qui, en grande partie,
taillent la besogne à MM. les chevaliers du Panon-
ceau.

J'ai expliqué plus haut comment les choses se
passent généralement, grâce à l'association, avec les
débiteurs de bonne composition. Maintenant, nous
allons aborder la question des débiteurs récalcitrants :
les mauvais coucheurs de la dette, les gens peu dé-
licats, les clients véreux en un mot.

Lorsque la Société a épuisé à son tour tous les
moyens de conciliation ; lorsqu'elle voit qu'il n'y a

absolument rien à espérer, c'est alors qu'elle emploie le grand jeu, le coup de l'officier ministériel. Toutefois, ici encore il est à propos de faire remarquer une chose ; c'est que la Société ayant à elle en propre son personnel du contentieux, son homme d'affaires, son solicitor en titre, qui reçoivent un traitement fixe annuel, ceux-ci ne peuvent se payer la fantaisie d'assaisonner leurs mémoires d'un tas de petits hors-d'œuvre d'une digestion toujours difficile pour le malheureux qui doit payer l'addition. De sorte que même alors qu'elle emploie la rigueur, l'association, par son organisation toute spéciale, obtient des réductions de tarifs, ce qu'un particulier serait incapable de faire. Il est rare, toutefois, que la Société soit obligée d'en arriver aux extrémités.

Dans une ville comme Paris, y compris les départements de Seine-et-Oise et de Seine-et-Marne, on pourrait réunir peut-être de trois à quatre mille adhésions Mettez, si vous le voulez, une cotisation de 50 francs par sociétaire. Voilà une Société qui va se trouver. du jour au lendemain, à la tête d'un capital de 200,000 francs comme première mise de fonds. Elle vend à chaque membre ses carnets à souches pour l'encaissement des dettes, ce qui peut produire encore une somme de 150,000 francs. De plus, elle a son département des renseignements commerciaux qui, comme cela se pratique dans les établissements de ce genre existant déjà en France, fournirait également ment des carnets-bons pour renseignements avec cet avantage qu'au lieu de payer 2 fr. 50, 3 et même 5 francs par fiche, l'association, avec son outillage tout spécial, demanderait 0 fr. 50 ou 1 franc. (Tous ces chiffres naturellement, sont à étudier). Mettons de ce chef 25,000 francs. Le département des dettes qu'elle fait rentrer pour le compte des sociétaires, et sur lesquelles elle prélève une commission qui pourrait varier de 2 à 5 pour 100 suivant les cas, produirait encore en chiffres ronds 50,000 francs.

Enfin, le département des affaires litigieuses, du contentieux et au besoin même de la vérification, de la tenue des livres pour le compte de petits négociants qui n'ont pas les moyens d'entretenir un personnel de comptables, pourrait donner 20,000 francs sans compter d'autres revenus que la Société pourrait se créer en vendant ses bulletins hebdomadaires et mensuels à tous ceux qui voudraient les consulter, sans les restreindre aux sociétaires seuls.

On arriverait donc *grosso modo* aux résultats ci-contre :

AVOIR

Cotisation des quatre mille sociétaires......	200.000	»
Carnets à souche pour les dettes...........	150.000	»
Carnets-bons pour les renseignements commerciaux.....................	25.000	»
Commission de 2 à 5 pour 100 prélevée par la Société sur toutes les dettes qu'elle recouvre....................................	50.000	»
Département des affaires litigieuses, consultations, tenue de livres, inventaires faits pour le compte des sociétaires, etc.......	20.000	»
Divers...................................	10.000	»
Fr.		»
	455.000	

DOIT

Loyer....................................	12.000	»
Traitement du directeur...................	12.000	»
» d'un sous-directeur.............	6.000	»
Traitement des cinq chefs de départements :		
1° Contentieux, faillite, juridiction, etc.....		
2° Renseignements commerciaux............		
2° Etudes, projets, questions à soumettre au Parlement. — Bulletins de la Société..		
3° Recouvrement des dettes. Comptabilité..		
5° Rédaction du Bulletin-Journal de la Société...............................		
Chaque chef de département, chacun 5,000 fr., soit..	25.000	»
Vingt employés divers, avec un traitement variant de 1,200 à 3,600, garçons de bureaux, etc..................................	75.000	»
Frais de bureaux, contributions, patentes, gratifications, éclairage, chauffage, frais d'huissier, mémoires, actes, enregistrements, etc., etc.............................	20.000	»
Divers..................................	10.000	»
Frais de publication du Bulletin..........	100.000	»
Fr.	260.000	»
Excédant de balance sur les recettes.........	195.000	»
Fr.	455.000	»

Il resterait donc, à la fin du premier exercice d'une
année de la Société, un excédent de recettes qui,
après prélèvement du fonds de réserve que je fixe à
100,000 francs (chiffre beaucoup trop élevé) laisserait
une somme rondelette, disons en chiffres ronds, de
100 000 francs. Or, ceci est à étudier, ladite somme
pourrait être répartie chaque année entre les sociétaires, au prorata du chiffre d'affaires qu'ils auraient
confiées à la Société ; ou, ce qui serait plus simple,
au prorata de leurs cotisations.

Il est à propos de faire remarquer ici que dans
une Société de ce genre, il n'y aurait pas un centime
d'aléa. Il n'y aurait pas à craindre de la part de la
Société quelque spéculation financière ni industrielle, susceptible de compromettre le capital social,
puisque la Société n'est ni une Société financière, ni
une Société industrielle, ni une Société commerciale :
C'est, si je puis employer cet adjectif, simplement
une Société neutre ou mutuelle.

Les fonds seraient déposés dans un de nos grands
établissements de crédit, où ils bénéficieraient encore
d'un intérêt annuel de 3 1/2 ou 4 pour 100, qui vien-
drait s'ajouter à la colonne des profits.

Dès le début, la Société pourrait étendre ses opérations aux grands centres, et établir des succursales
dans les cinq ou six premières villes de France. Ceci
aurait comme résultats d'élargir non seulement son
cercle d'affaires, mais encore de faire sentir ses
bienfaits dans le plus d'endroits possibles. De plus,

elle serait en mesure de pouvoir mieux renseigner ses clients de Paris sur la solvabilité des clients de province et réciproquement.

De quelle puissance, alors, ne disposerait-elle pas, cette Société, agissant avec ses propres capitaux, au nom de milliers de marchands, de négociants et industriels de toutes sortes! Avec quel jugement sain, n'étant pas préoccupée par le souci des affaires, ne présenterait-elle pas au Parlement ses réclamations, les revendications de ses sociétaires?

Pour arriver, dans notre siècle, il faut serrer les rangs, se soutenir, se grouper, sentir les coudes comme on dit au régiment. Car, que peut, de nos jours, l'unité? Si intelligent qu'il soit, un négociant tout seul aura bien du mal à faire entendre ses plaintes! mais s'il parle par la voix d'un journal, s'il veut imposer sa volonté par l'entremise d'une Société forte et puissante; oh, alors, c'est une autre paire de manches... Monsieur, faites-moi donc l'honneur de vous asseoir!!! Quelle comédie! Rien n'empêcherait au surplus de mettre à la tête de l'association, comme directeurs honoraires, quelques députés et sénateurs; cela fait toujours bien dans le tableau; et puis, ma fois, pour ces messieurs, quand on prend du galon, on n'en saurait trop prendre. Dans tous les cas, en admettant que la chose soit possible, cela aurait un bon résultat; ils seraient toujours en contact d'idées avec la Société et plus enclins à écouter les justes revendications du commerce et de l'industrie... On pourrait leur accorder des jetons de présence aux réunions trimestrielles. —

Il y aurait aussi, peut-être, à étudier un point qui pourrait devenir très important.

Parmi les sociétaires, il y aura de gros négociants, de riches industriels; mais, à côté de ceux-là, la Société comptera également nombre de petits commerçants dont les capitaux sont restreints, qui, à un moment donné, par suite des crédits qu'ils ont ouverts et des créances qu'ils ne peuvent recouvrer de suite, se trouvent eux-mêmes gênés lors de l'échéance d'une traite. Il y aurait à voir si en recevant de ces petits commerçants un certain nombre de Bulletins pour créances à recouvrer, la Société ne pourrait pas, puisqu'elle dispose de capitaux mignons, faire l'avance de tout ou partie de la dette, et cela moyennant, naturellement, un petit tant pour cent supplémentaire.

Une Commission prise parmi l'aristocratie commerciale et financière des sociétaires, c'est-à-dire ceux dont le nom signifie intelligence et loyauté, formerait le Conseil de surveillance, mais à titre honorifique, comme cela se pratique en Angleterre.

Des réunions ordinaires et mensuelles se tiendraient au siège de la Société, et des réunions extraordinaires et trimestrielles (avec jetons de présence, les petits cadeaux entretenant l'amitié), auraient pour but de vérifier les procès-verbaux des meetings mensuels, de s'occuper des questions intéressant plus particulièrement les sociétaires, de la revision et des modifications à apporter aux statuts, suivant la marche progressive de la Société, et enfin de toutes les questions d'ordre administratif, etc., etc.

Les renseignements qui précèdent sur le fonctionnement de la Société anglaise nous ont été fournis par M. Jaignaul, qui habite depuis longtemps Londres; il nous les a adressés comme solution à notre *Question des Huissiers*. Nous avons cru que ces renseignements seraient intéressants pour nos lecteurs, et nous avons tenu à les leur communiquer.

Rien ne serait plus facile que de former une Société de ce genre à Paris.

Cette Société rendrait de véritables services au commerce, car elle permettrait de centraliser les effets un jour d'échéance et de diminuer notablement le prix des protêts de banlieue, — le transport étant unique pour cinquante effets sur la même commune.

Exemple :

Si vous faites protester un effet de 10 francs à Vincennes, vous aurez comme frais :

Protêt.........................Fr.	5	93
Enregistrement, titre..........-	»	33
Transport	4	»
Au total.............	10	26

C'est-à-dire, 10 fr. 26 de frais pour un effet de 10 francs !

Avec la Société, qui pourrait centraliser les effets de banlieue, vous aurez vingt effets sur Vincennes, et le transport alors sera de 20 centimes.

La Société qui se constituerait pourrait également se charger de l'encaissement des factures, moyennant une somme de tant pour cent, etc.

Enfin, elle rendrait de grands services non seulement pour la présentation des effets à protester, mais encore pour la présentation des effets dans la banlieue.

Quant à son importance au point de vue de la diminution des frais de justice, elle serait considérable, car le chef du contentieux dirait à l'huissier : — « Vous ferez tel et tel frais, rien de plus ! »

Avant de terminer ce volume, nous publions le tarif qui, croyons-nous, est intéressant à tous points de vue.

CHAPITRE XXXI

DU TARIF

Puisque MM. les huissiers cachent systématiquement leur tarif et semblent même l'ignorer, nous voulons en donner la copie exacte, nous bornant à publier les articles utiles au public :

Taxe devant les juges de paix

	Paris	Villes où il y a tribun¹ et caut⁰	Autres villes
Art. 21. Citation : original......	1 50	1 25	1 25
Copie, le 1/4....	» 40	» »	» »
— Signification de jugement :			
Original........	1 25	1 25	1 25
Copie, le 1/4....	» 35	» 35	» 35
— Sommation de fournir caution ou d'être présent à la réception de soumission de caution :			
Original........	1 25	» »	» » »

	Paris	Villes où il y a tribun¹	Autres villes et cant⁰
Copie................	» 35	» »	» »
— Opposition à jugement de paix :			
Original........	1 50	» »	» »
Copie.........	» 40	» »	» »
— Demande en garantie :			
Original et copie	1 90	» »	» »
— Citation à témoins, même coût ; s'il y a plusieurs copies, 0 fr. 40 par copie................	» »	» »	» »
— Citation aux gens de l'art et experts...........		(même prix)	
— Citation en conciliation.		(même prix)	
— Citation aux membres d'un conseil de famille		(même prix)	
— Notification de l'avis du conseil de famille.....		(même prix)	
— Notification d'opposition aux scellés..........		(même prix)	
— Sommation à levée de scellés..............		(même prix)	

Art. 22 du tarif : Il sera alloué pour la copie de pièces qui pourra être donnée avec les actes, pour chaque rôle d'expédition de vingt lignes à la page et de dix syllabes à la ligne........   » 25   » 20   » 20

Art. 23. Pour transport qui ne pourra être alloué

	Paris	Villes où il y a tribun¹ et cant	Autres villes

qu'autant qu'il y aura plus d'un demi-myriamètre (une lieue ancienne) de distance entre la demeure de l'huissier et l'endroit où l'exploit devra être déposé .... 2 » 2 » 2 »

Il ne sera rien alloué aux huissiers de juges de paix ou par le maire et adjoints des communes du canton, dans les différents cas prévus par le code de procédure.

Observation. — Se méfier du transport que l'huissier compte souvent à tort à travers ; se méfier également des visas.

Art. 27. Pour l'original d'un exploit d'appel du jugement de paix ....

D'un exploit d'ajournement, même en cas de domicile inconnu en France, et d'affiche à la porte de l'auditoire... 2 » 1 50 1 50

Copie, le 1/4.... » 50 » 40 » 40

Art. 28. Pour les copies de pièces, évaluées à raison de vingt lignes de dix syllabes à la ligne .... » 25 » 20 » 20

<table>
<tr><td></td><td>Paris</td><td>Villes
où il y a
tribun[l] et cant[n]</td><td>Autres
villes[n]</td></tr>
<tr><td>— Les copies seront correctes et lisibles, à peine de rejet de la Taxe.</td><td></td><td></td><td></td></tr>
<tr><td>— De tout exploit contenant sommation de faire une chose ou opposition à ce qu'une chose soit faite et généralement de tous actes simples d'huissier non compris dans la seconde partie du présent Tarif.</td><td></td><td></td><td></td></tr>
<tr><td>Original..........</td><td>2 »</td><td></td><td></td></tr>
<tr><td>Par chaque copie le 1/4...........</td><td>» 50</td><td></td><td></td></tr>
</table>

Actes de secondes classes

Art. 30. Pour l'original de la récusation du juge de paix, qui en contiendra les motifs, et qui sera signé par la partie ou son fondé de pouvoir spécial, ainsi que la copie.

<table>
<tr><td>Original..........</td><td>3 »</td><td>2 25</td><td>2 25</td></tr>
<tr><td>Copie............</td><td>» 75</td><td></td><td></td></tr>
</table>

Art. 31. Pour un procès-verbal de saisie-exécution, qui durera trois heures, y compris le temps nécessaire pour requérir le commissaire de police

	Paris	Villes où il y a tribun[1]	Autres villes et cant[n]
les maires ou adjoints, en cas de refus d'ouverture de porte y compris 1 fr. 50 pour chaque témoin et la copie.	8 »	6 »	6 »
— Si la saisie dure plus de trois heures, pour chaque vacation de trois heures y compris, 0 fr. 80 par chaque témoin.................	5 »	3 75	3 75
Art. 32. Vacation du commissaire de police qui aura été requis pour être présent à l'ouverture des portes, etc...............	5 »	3 75	2 50
Art 33. Vacation de l'huissier pour déposer au lieu établi pour les consignations ou entre les mains du dépositaire qui sera convenu, les deniers comptants qui pourraient avoir été trouvés..............	2 »	1 50	1 50

(Nous passons les articles inutiles).

Art. 36. Dans le cas de saisie antérieure et d'établissement de gardien, pour le procès-verbal de récolement sur le premier pro-

	Paris	Villes où il y a tribun¹ et cant⁸	Autres villes

cès-verbal que le premier gardien sera tenu de représenter. et qui, sans entrer dans aucun détail, et contenant seulement la saisie des effets omis, et sommation au premier saisissant de vendre, témoins compris et deux copies, sera taxé **6 »   4 50   4 50**

Et pour une troisième copie, s'il y a lieu, le quart de l'original........... **1 50   »   »   »   »**

Art. 37. Pour le procès-verbal de récolement qui précédera la vente, et qui ne contiendra aucune énonciation des effets saisis, mais seulement de ceux en déficit, s'il y en a, y y compris les témoins.. **6 »   4 50   4 50**

Il sera alloué à l'huissier ou autre officier qui procédera à la vente, pour la rédaction du placard qui doit être affiché.... **1 »   »   »   »   »**

Pour chacun des placards, s'ils sont manuscrits... **» ;)   »   »**

Et, s'ils sont imprimés, l'officier qui procédera à la vente en sera remboursé sur les quittan-

	Paris	Villes où il y a tribun[1]	Autre villes et cant

ces de l'imprimeur et de l'afficheur.

Art. 39. Pour l'original de l'exploit, qui constatera l'apposition des placards, dont il ne sera point donné de copie........ **3 » 2 25 2 25**

Il sera passé, en outre, la somme qui aura été payée pour l'insertion de l'annonce de la vente dans un journal, si la vente est faite dans une ville où il s'en imprime.

(Nous passons ce que la loi accorde à l'huissier faisant fonctions de commissaire-priseur.)

Et à Paris, où les ventes sont faites par les commissaires-priseurs, il sera alloué à l'huissier, pour requérir le commissaire-priseur............ **2 » » » » »**

Si l'expédition du procès-verbal de vente est requise par l'une des parties, il sera alloué à l'huissier ou autre officier qui aura procédé à la vente, par chaque rôle d'expédition conte-

	Paris		Villes où il y a tribun^l et cantⁿ		Autres villes	
nant vingt-cinq lignes à la page et dix à douze syllabes à la ligne.....	1	»	»	»	»	»
Art. 42. Pour consigner les deniers provenant de la vente..	3	»	2	»	1	50
Art. 43. Pour un procès-verbal de saisie-brandon, contenant l'indication de chaque pièce, sa contenance et sa situation, deux au moins de ses tenants et aboutissants et la nature des fruits quand il n'y sera pas employé plus de trois heures................	6	»	5	»	4	»
Et quand il sera employé plus de trois heures, pour chacune des autres vacations, aussi de trois heures..........	5	»	4	»	3	»
Art 46. Pour un exploit de saisie de fonds d'une rente constituée sur particulier, contenant assignation au tiers saisi, en déclaration affirmative devant le Tribunal....	4	»	3	»	3	»
— Pour la copie le quart...	1	»	»	75	»	75
Art. 59. Pour un procès-verbal d'offres réelles, qu'elles soient refusées ou ac-						

	Paris		Villes où il y a tribun¹ et cant?		Autres villes	
ceptées, original......	3	»	»	»	»	»
Copie, le quart.						
Art. 60. Procès-verbal de consignation de la somme ou de la chose offerte :						
Original........	5	»	4	»	4	»
Copie.........	1	25	1	»	1	»
Art. 62. Pour un procès-verbal tendant à saisie-revendication, s'il y a refus de portes ou opposition à la saisie, contenant assignation en référé devant le juge, y compris les témoins......	5	»	4	»	4	».
— Pour la copie, le quart..	1	25	1	»	1	»
— Le procès-verbal de saisie-revendication sera taxé comme celui de la saisie-exécution.						

Protèt simple :

Original et
   copie... 1 60
Emoluments. Droit de
   copie de
   l'effet sur
   original
   et copie. » 75 } 2 35
   Transcrip-
   tion sur
   le réper-
   toire.

14.

	Paris	Villes où il y a tribun¹ et cantⁿ	Autres villes

Protêts à deux domiciles ou avec besoin — pour le deuxième domicile.............. 1 »

Protêt de deux effets :

Emolument pour le second effet...... » 50

Protêt de perquisition :

Emoluments.
- Original et copie.... 5 »
- Droit de copie... 1 25
- Les copies du titre. » 50
- Visa...... 1 »
- Transcription..... » 75

} 8 50

Protêts au Parquet :

Emoluments.
- Protêt ordinaire. 2 35
- Deuxième copie au parquet. » 60
- Troisième au tribunal et droit de copie... 1 50
- Visa...... 1 »

} 5 45

	Paris	Villes où il y a tribun[l] et cant[n]	Autres villes

Intervention :
  Original et copie... 2 »
  Transcription au registre. » 25 } 2 25
Dénonciation de protêt :
Original................ 2 »
Copie de l'exploit....... » 50
Copie de protêt et de billet » 75
Copie d'intervention.... » 25
Copie de compte de retour........ .... »15

Art. 66. Il ne sera rien alloué aux huissiers pour transport jusqu'à un demi-myriamètre.

Il leur sera alloué au delà d'un demi-myriamètre, pour frais de voyage qui ne pourra excéder une journée de cinq myriamètres (10 lieues anciennes): savoir: au dela d'un demi-myriamètre et jusqu'à un myriamètre aller et retour................ 4 »

Au delà d'un myriamètre, il sera alloué pour chaque demi-myriamètre. 2 »

Il sera taxé pour visa

	Paris	Villes où il y a tribun¹	Autres villes et cant⁰

de chacun des actes qui y sont assujettis...... 1 »

Art. 67. Les huissiers qui auront omis de mettre au bas de l'original et de chaque copie des actes de leur ministère la mention du coût d'icelui, pourront, indépendamment de l'amende portée par l'article 67 du Code de procédure, être interdits de leurs fonctions sur la réquisition d'office des procureurs généraux et des procureurs du roi (actuellement de la République).

Il est dit dans ce même article 66 « que les huissiers ne pourront prendre de plus forts droits que ceux énoncés au présent tarif, à peine de restitution et d'interdiction, quels que soient la Cour ou le Tribunal auxquels ils sont attachés ».

Tarif pour la vente des Immeubles

Art. 3. — *Actes de première classe*

Il est alloué aux huissiers ordinaires :

	A Paris	Dans le ressort
Pour l'original du commandement tendant à saisie immobilière....	2 »	1 50
Pour chaque copie, le quart.........	» 50	» 40
Pour droit de copie du titre, par rôle contenant vingt lignes à la page et dix syllabes à la ligne ou évalué sur ce pied........................	» 25	» 20
Pour l'original de l'assignation en référé		
De la demande en nullité de bail...		
De l'acte d'opposition, etc., etc., — enfin pour tous actes simples non compris dans l'article suivant....		

Art. 4. — *Procès-verbaux, Actes de deuxième classe*

	A Paris	Dans le ressort
Pour un procès-verbal de saisie immobilière auquel il n'aura été employé que trois heures..........	6 »	5 »
Et cette somme sera augmentée par chacune des vacations subséquentes qui auront pu être employées, de	5 »	4 »
Pour dénonciation de la saisie immobilière à la partie saisie.,......	2 50	2 »

	A Paris	Dans le ressort
Pour la copie, le quart.............		
Pour l'original de l'acte contenant réquisitoire d'un créancier inscrit, à fin de mise aux enchères et adjudication publique de l'immeuble aliéné par son débiteur..........	5 »	4 »
Pour le procès-verbal d'apposition de placards, dans toutes les ventes judiciaires, y compris le salaire de l'afficheur	8 »	6 »
Pour le transport et le visa, voir l'article 66.		
Publication du cahier des charges par huissiers-audienciers.........	1 »	» 75
Lors de l'adjudication, y compris les frais de bougies que les huissiers disposeront et allumeront eux-mêmes......................	5 »	3 75
Ce droit sera alloué à raison de chaque lot adjugé, quelle qu'en soit la composition, sans qu'il puisse être exigé sur un nombre de lots supérieur à six.................		
Lorsqu'après l'ouverture des enchères, l'adjudication n'aura pas lieu, il sera alloué aux huissier, y compris les frais de bougies et quel que soit le nombre des lots.......	5 »	3 75

Nota.— Nous prions nos lecteurs de bien se rappeler que tous les actes qui leur sont signifiés, quels qu'ils soient, doivent toujours être lisibles.

Observation sur le tarif et manière
de s'en servir

1° Dans notre CHAPITRE PREMIER nous parlons du protêt. Nous avons entre les mains, un protêt dans lequel l'huissier compte ainsi ses émoluments.

Original et copie............Fr. 1 60
Droit de copie du billet et transcription au registre............ » 75
Deuxième billet................ 1 50

Si nous consultons le tarif *Protêt* (décret du 25 mars 1848), nous trouvons que le deuxième billet doit être compté 0 fr. 50 ; l'huissier dans ce cas, compte en plus 1 franc.

2° CHAPITRE III. — *Assignation* : toujours pièces en mains nous trouvons que l'huissier compte pour émolument.

Original.....................Fr. 2 »
Copie.......................... » 50
Ecritures (trois billets).......... 3 »

Il n'y a qu'un seul débiteur ; les billets ne sont donc copiés qu'une fois.

Si nous consultons le tarif, nous voyon sed

suite que l'huissier n'a que 0 fr. 50 pour original et copie, il compte donc en plus 1 fr. 50.

3° CHAPITRE IX. — *Saisie-arrêt* : Nous avons entre nos mains une saisie-arrêt.

L'huissier compte :

> Original et copie............Fr. 2 50
> Copie de deux effets............ 2 ›

Or, il ne lui est dû que 1 franc de copie.

4° Etudions le procès-verbal de saisie d'après le tarif : L'huissier se présente chez une personne qui lui remet une saisie pratiquée par un autre créancier; l'huissier récole sur cette saisie et compte :

> Procès-verbal................Fr. 8 »

Et par acte séparé sommation au premier saisissant.

> Original et copie pour émolument. 2 50

Voyez l'article 36 du tarif; l'huissier, dans ce cas, doit compter son procès-verbal 6 francs et ce dernier doit contenir sommation au premier saisissant.

5° Etudiez une saisie qui a duré deux heures

avec le commissaire de police, l'huissier compte :

Procès-verbal....................Fr.   8   »
Commissaire de police...............   5   »
Deuxième vacation.................   5   »
Vacation à réquisition du commissaire.   2   »

Consultez l'article 31 du tarif : vous trouvez que l'huissier compte en plus : deuxième vacation, 5 francs, et que la vacation chez le commissaire n'est pas due.

6° Prenez un procès-verbal de saisie à Clichy, par exemple — nous avons le procès-verbal en main — l'huissier compte :

Procès-verbal...............Fr.   8   »
Transport huissier..............   4   »
Transport témoin...............   4   »

Si vous consultez le tarif, vous verrez que l'huissier n'a pas à compter de transport de témoin ; il lui est alloué 3 francs pour payer les deux témoins, il n'a qu'à les prendre sur place. — Quant au transport, voir toujours si l'huissier a fait 5 kilomètres.

7° Vous verrez que les 0 fr. 10 de répertoire n'existent pas.

C'est assez démontrer que l'huissier grossit tous ses actes; or, il est dit dans l'article 66 que c'est un cas d'interdiction. — Pourquoi ne fait-on pas observer la loi ?

8° Enfin, dans notre introduction, nous citons l'article 45 du décret du 30 mars 1808 : Quand un clerc d'huissier vous présente un exploit, faites constater le fait et poursuivez; on sera bien obligé d'appliquer la loi.

CHAPITRE XXXII

LES HUISSIERS DEVANT LE PARLEMENT

Le 14 juin 1890 a eu lieu, à la Chambre des Députés, la première délibération sur diverses propositions de lois tendant à modifier la législation des protêts.

Les projets, dans le principe, étaient au nombre de deux :

1° Projet de M. Lockroy ;

2° Projet de M. Leydet.

Sans compter un projet de M. Pontois.

Enfin, au cours des débats, survint un contre-projet émanant de M. Rabier. Nous ne pouvons analyser la séance ni reproduire tous ces projets ; ceux de nos lecteurs qui voudraient examiner la question de plus près n'auraient qu'à se procurer l'*Officiel* du 15 juin.

Nous donnerons seulement le contre-projet de M. Rabier, — nous contentant pour les autres de dire qu'ils font trop ou trop peu.

CONTRE-PROJET RABIER

(D'après le compte rendu *in extenso* de la séance par l'*Officiel*
du 15 juin.)

Ce contre-projet est signé par MM. Fernand
Rabier, Maujan, Barthou, Terrier, Michel Dubois
(Corrèze), Lacroix (Loiret), Pajot, Baudin, Bargy,
Victor Prost, Mesureur, Millerand, Camille Dreyfus,
Dellestable, Merlou, Vival, Bony-Cisternes et Talou.

Je donne la parole à M. Rabier.

M. Fernand Rabier. — Messieurs, je ne demande
que quelques instants de votre bienveillante attention.

J'ai eu l'honneur de déposer sur le bureau de la
Chambre, avec quelques-uns de mes collègues, dont
plusieurs anciens avoués, un contre-projet aux propositions de la commission.

Je vous demande la permission de vous lire l'exposé des motifs qui le précède.

Ce contre-projet a pour but, je dois l'indiquer d'un
mot, de supprimer, purement et simplement, le protêt
par l'huissier et de le remplacer par l'intermédiaire
de la poste. (*Lisez ! Lisez !*)

Voici l'exposé des motifs :

« Messieurs, l'acte de protêt, dont l'origine nous
est inconnue, mais qui existait déjà en l'année 1653,
a subi plusieurs fois des modifications.

« Cet acte fut jadis considéré comme ayant une

importance qu'il n'a certainement plus aujourd'hui. Il n'y a pas très longtemps que l'officier ministériel, chargé de dresser un protêt, devait être assisté de deux témoins. Un décret du 23 mars 1848 dispensa de l'assistance des témoins et réduisit les frais et émoluments de cet acte.

« Vous êtes saisis aujourd'hui de trois propositions de loi tendant à une nouvelle modification du même acte, émanant : la première, de M. Edouard Lockroy la deuxième, de M. Leydet ; la troisième, de votre commission chargée d'examiner les propositions de nos honorables collègues, MM. Lockroy et Leydet.

« L'économie de ces différentes propositions se résume en deux améliorations :

« 1° Un délai d'un jour de plus est accordé au débiteur ;

« 2° Les droits d'enregistrement sont diminués.

« Nous avons l'honneur, messieurs, de soumettre à vos délibérations un contre-projet qui tend à la suppression pure et simple de l'acte de protêt.

« Ce contre-projet se justifie par cette considération que le protêt est un acte absolument inutile et qui n'a que les vertus que la loi lui donne.

« Le protêt a pour but de constater le refus de payement d'un effet de commerce ; or, un rapide examen de la législation sur la matière permet de se convaincre que cette constatation n'a nullement besoin d'être faite par un acte extra-judiciaire.

« L'effet de commerce, d'après les lois en vigueur,

comme d'après les propositions dont vous êtes saisis, doit, après avoir été présenté infructueusement par le porteur, être présenté de nouveau par l'huissier qui, à défaut de payement, dresse un protêt dont le coût est à la charge du débiteur.

« La loi frappe ainsi d'une sorte d'amende le débiteur qui ne peut payer sa dette, sans égard pour sa position, sans distinguer entre le coupable et le malheureux, ajoutant des frais au principal que le débiteur est dans l'impossibilité de payer; elle précipite sa ruine.

« Les frais de protêt de l'effet impayé retombent, en cas d'insolvabilité absolue du débiteur, à la charge du créancier, qui perd non seulement son capital, mais encore supporte des frais en pure perte. (*Très bien ! très bien !*)

« La formalité des protêts se comprendrait seulement au cas où il serait nécessaire, indispensable de la remplir, ce qui n'est pas.

« La constatation du refus de payement peut en effet être faite à peu de frais, sans qu'il soit besoin de protêt ou d'acte de même nature. (*Très bien !*) Il suffirait pour arriver au même but d'employer l'intermédiaire de la poste, presque gratuit et discret, au lieu de celui de l'huissier, qui est très dispendieux et souvent indiscret. (*Sourires approbatifs.*)

« Le protêt, qui avait peut-être sa raison d'être en 1653, alors que le service de la poste était à l'état rudimentaire, est une monstruosité de nos jours où le fonctionnement des postes est admirable au point de vue de la célérité et de la régularité. (*Très bien ! très bien !*)

« Ce que nous proposons en remplacement du protêt et de toute espèce d'acte analogue, c'est qu'après la présentation par le porteur, usitée actuellement, un deuxième avis soit remis par le facteur des postes à la personne invitée à payer.

« Le tiré ou le débiteur aurait trois jours francs à partir de la réception de cet avis pour se libérer entre les mains du porteur.

« Ce serait un délai de cinq jours environ accordé au débiteur, délai équivalent à celui qu'il faut pour régulariser un protêt; mais l'immense avantage de la mesure que nous préconisons serait d'épargner des frais iniques. Un seul droit de 25 centimes serait payé à la poste; un duplicata du bulletin laissé au débiteur ou au tiré, et visé par le receveur des postes, serait remis au porteur, qui l'annexerait à l'effet impayé.

« La lettre de change ou le billet à ordre réuni à ce bulletin aurait la même force et la même vertu que l'effet protesté selon les prescriptions de la loi actuelle. (*Très bien !*)

« Cette innovation serait sans aucun doute d'un indiscutable avantage pour les débiteurs et aussi pour les créanciers.

« Elle ne serait pas, d'ailleurs, une révolution dans la procédure. L'article 751 du code de procédure prescrit en effet le service de la poste pour l'envoi de lettres de convocation en matière d'ordre. (*Nouvelles marques d'approbation.*)

« Invoquera-t-on contre cette réforme le préjudice qui pourrait eu résulter pour le Trésor ? Deux observations détruiront cette objection.

« Le fisc retrouvera, en effet, au moyen de la perception de 25 centimes pour droit de poste, une grande partie des droits d'enregistrement des protêts et des effets protestés, droits que le projet de votre commission diminue d'ailleurs notablement.

« Et il est à peine besoin de dire que les personnes qui sont l'objet de protêts sont pour ainsi dire presque exclusivement de petits commerçants dignes d'intérêt et de sollicitude, et qu'il est inique que le Trésor s'enrichisse de leurs dépouilles. (*Très bien ! et applaudissements.*)

« Nous croyons, messieurs, vous avoir démontré en ces quelques lignes que l'acte de protêt peut être aboli sans difficulté pour l'administration de la justice et pour le profit d'une catégorie de travailleurs intéressants.

« La loi dont nous soumettons le projet à la Chambre comporterait une réforme démocratique et équitable.

« C'est donc avec confiance, messieurs, que nous déposons le contre-projet suivant..... »

Suit le contre-projet, dont M. le président a donné

lecture à la Chambre. (*Applaudissements sur un grand nombre de bancs.*)

Messieurs, je n'ai pas d'autres observations à présenter à la Chambre. Je crois que ce contre-projet s'impose et que, dans un instant, vous allez en voter la prise en considération, afin qu'il soit renvoyé à la commission. (*Marques d'approbation.*)

Je n'ai pas l'intention de répondre aux objections qui ont été apportées tout à l'heure à cette tribune. Je pourrais invoquer d'autres motifs à l'appui de ma thèse; il me serait facile de parler de la façon dont sont rédigés les protêts, du discrédit dans lequel ils font tomber les commerçants qui en sont victimes. Je passe, car les motifs que je viens d'invoquer sont suffisants, et je me bornerai à ajouter que je suis d'accord avec l'honorable rapporteur, M. Bouge, qui disait : « Mais on va dépouiller les huissiers ! » Je suis de son avis... (*Mouvements divers.*) Je suis de ceux qui pensent que le tarif de 1807 n'est plus suffisant. (*Dénégations sur divers bancs.*) Mais permettez-moi de vous dire en finissant qu'il n'est personne parmi nous, dans cette Chambre, qui n'ait dans son programme cette phrase : Je voterai la diminution des frais de justice. (*Marques d'approbation.*) Eh bien, messieurs, vous pouvez le faire aujourd'hui : aussi suis-je convaincu que vous voterez notre contre-projet (*Très bien ! très bien ! et applaudissements.*)

Ce projet tant applaudi n'a qu'un défaut : — il est impraticable, même au point de vue fiscal. Par quel impôt remplacera-t-on les 7 ou 8 millions que rapportent les protêts?

Nous avons répondu à M. Rabier le 18 juin par l'article suivant paru dans l'*Écho de Paris*.

« La question des huissiers, que nous avons soulevée et dont nous poursuivons l'étude, est venue, samedi dernier, devant la Chambre. Une partie de la séance a été, en effet, occupée par une discussion sur la réforme de la législation des protêts. Examinons un peu cette discussion.

« M. Lockroy, qui a pris part au débat, a prononcé une parole fort sensée. quand il a dit : « Messieurs, je ne crois pas que le législateur « ait le droit de proroger l'échéance d'une « dette. »

« A notre point de vue, en effet, il serait complètement inutile de proroger de deux ou trois jours l'échéance d'un effet. Il n'y aurait pas moins de protêts pour cela. Enfin que deviendrait le porteur qui attend après ses fonds ? Ce dernier n'est-il pas aussi intéressant que le débiteur ?

« M. le rapporteur du projet a fait remarquer avec juste raison qu'il n'y avait plus de loi sur

les protêts, que cette loi était tombée en désuétude ; mais cela ne saurait vouloir dire que la
loi est mauvaise.

« Nous reconnaissons volontiers que, dans les
grands centres comme Paris, Lyon, etc., l'huissier ne peut se conformer à la loi, présenter lui-
même les effets, faire le protêt et en laisser
copie. Mais, encore une fois, nous ne croyons
pas que ce soit à la loi qu'il faille toucher...

« A notre point de vue, voici le vrai remède :
forcer les huissiers à mettre les protêts en
bourse commune ; exiger que, dans les grands
centres, il y ait des clercs assermentés, ayant le
droit de dresser un acte de protêt. Alors, mais
seulement alors, on pourra se conformer à la loi
actuelle.

« Notre système aurait encore pour résultat
de réduire d'une notable proportion les frais de
justice ; car tous les effets se trouvant réunis
dans une seule main, les frais de transport sur
la banlieue seraient supprimés.

« Autres avantages : les effets étant réunis en
un seul endroit, les débiteurs sauraient toujours
où les trouver, le lendemain de l'échéance. En
outre, les grandes études, qui font des fortunes

colossales avec les protêts, auraient à en partager le produit avec les petites; ce-serait le bien-être pour ces dernières et la destruction d'un monopole.

« Nous croyons enfin que les débiteurs y gagneraient; ils ne verseraient plus, en effet, des pièces de cent sous aux clercs pour attendre. Quant au Trésor, il y trouverait son bénéfice en recouvrant ce qui lui est dû.

« M. Rabier, interrompant le rapporteur, s'est écrié : « Dites donc d'abord à quoi sert un « protêt ! »

« Mais, si vous supprimez le protêt et le discrédit qui en résulte pour le commerçant, vous tuez le papier de commerce; vous lui ôtez toute sa valeur. Car, combien ne payent que pour éviter le protêt?

« Pour nous, nous estimons que du jour où le protêt serait supprimé il y aurait un nombre considérable d'effets impayés; le billet de complaisance prendrait enfin une extension telle que les banquiers n'oseraient plus escompter.

« Aviez-vous songé à ce danger?

« M. Fernand Rabier présente un contre-projet, qu'il a rédigé avec quelques-uns de ses collègues, parmi lesquels se trouvent plusieurs anciens avoués. Je me méfie des anciens avoués en matière de protêt ; je trouve que ces messieurs, lorsqu'ils ont l'honneur d'être députés, devraient plutôt s'occuper de faire supprimer les conclusions grossoyées que signifient les avoués en exercice : voilà la vraie diminution des frais de justice !

« M. Rabier voudrait faire le protêt, sans le secours de l'huissier, par la poste. Je me contente de présenter à l'honorable député les observations suivantes :

« 1° Avec la poste, il sera bien difficile de constater le changement de domicile ;

« 2° Il sera impossible de constater si un billet est faux ;

« 3° C'est un tort de croire que les droits d'enregistrement des effets frappent surtout le petit commerçant.

« Nous croyons donc qu'on ne peut accepter le système de M. Rabier : Nous ne saurions trop répéter qu'il serait préférable de centraliser les effets comme nous l'avons expliqué plus haut.

« En effet, nous ne changeons rien à la loi, qui est parfaite ; — nous pouvons rechercher le souscripteur de l'effet s'il a disparu — constater par la réponse si l'effet est faux — percevoir les droits d'enregistrement dont le Trésor a le plus grand besoin, tout en diminuant les frais de justice. Le transport n'existera plus de la sorte et, comme l'huissier ne laisse jamais de copie, on pourra, dans une certaine mesure, le supprimer grâce au timbre-copie. Ce serait une économie de 1 fr. 10 environ par protèt ; — ce qui rendrait surtout service aux petits commerçants, qui ne font que des effets de minime importance. Chercher l'économie sur l'enregistrement, c'est surtout favoriser les gros bonnets.

« Enfin, en maintenant le protèt, en le rendant plus sérieux même, vous arrêterez, dans une certaine mesure, l'effet de complaisance, qui conduit tant de commerçants à la faillite.

« Autrement que faites-vous ? Vous donnez une force nouvelle à ces hommes peu scrupuleux, qui, en Bourse, se font signer un effet de mille francs pour cent sous ; vous propagez les acceptations et les effets fictifs et vous menez droit à la ruine le commerce et la banque.

« Diminuez les frais de justice, vous le pouvez en faisant observer par les officiers ministériels le tarif du 16 février 1807, que M. Rabier croit insuffisant.

« Abaissez encore ces frais en faisant en sorte que les plaideurs, quels qu'ils soient, puissent se passer du ministère de l'avoué.

« Réduisez-les toujours en faisant observer la loi.

« Diminuez-les, enfin, en supprimant les conclusions, les significations en cent ou cent cinquante rôles, et en supprimant, dans la mesure du possible, les abus sans nombre que commettent les officiers ministériels. »

Et le 20 juin suivant nous faisions paraître le nouvel article que voici :

« Nous ne pouvons laisser revenir la discussion des projets Lockroy et Rabier sur les protêts sans en parler encore une fois.

« Le protêt d'ailleurs frappe aussi bien le simple particulier que le commerçant. Chacun se trouve menacé par cet exploit.

« Il est absolument nécessaire de prendre des mesures, puisque la loi est tombée en désuétude et qu'à l'époque actuelle au lieu de deux notaires ou un huissier et deux témoins pour faire le protêt, c'est un pauvre diable demeurant la plupart du temps en garni.

« Rappelons tout d'abord comment on opère : le clerc d'huissier se présente et demande 2 francs pour la course; puis il promet qu'on gardera l'effet jusqu'au lendemain matin. Le lendemain à l'étude on vous fait payer 3 francs et quelquefois 5 francs ou 10 francs, ce qui est tout simplement une exploitation.

« Doit-on pour cela supprimer le protêt? Non. Il est en effet la garantie de l'effet de commerce auquel seul il donne sa valeur. Voici donc ce que nous proposons.

« Les cent cinquante huissiers de Paris auront chacun un clerc assermenté et désormais tous les effets, billets, etc., seront portés à la Chambre syndicale des huissiers. Le produit des protêts appartiendra à la bourse commune et devra être partagé entre tous les huissiers de Paris Le clerc assermenté de chacun de ces huissiers devra être tous les jours d'échéance à la disposition de la Chambre syndicale pour la présentation et la rédaction des protêts.

« Lorsque le clerc qui présente les effets touchera le montant du billet, il aura droit pour indemnité de course à 0 fr. 50.

« La copie du protêt n'existant plus et étant tombée en désuétude, le coût du protêt pourra être diminué d'autant, — c'est-à-dire qu'en supprimant le timbre et les émoluments de l'huissier pour la copie, le protêt ordinaire ne coûtera que 4 fr. 93 au lieu de 5 fr. 93.

« Toute personne qui désirerait avoir sa copie y aura droit en se présentant à la Chambre des huissiers et en payant 1 franc.

« Le coût du protêt, — ce dernier étant préparé pour les personnes qui viendraient payer à la Chambre syndicale, le lendemain de la présentation par huissier et avant midi, — sera fixé de la façon suivante.

```
Timbre......................  » 60
Émoluments ...............  1  »
                            ______
                            1 60
```

« En votant cette réforme, la Chambre réduira d'une manière énorme les frais de justice en matière de protêt.

« On remarquera enfin qu'avec ces cent cinquante clercs assermentés, c'est l'acheminement de la signification de tous les exploits par leur ministère. Et, ce serait un immense progrès, car il deviendrait possible de réglementer leur organisation de façon à faire signifier tous les exploits aux heures légales.

« Une amélioration importante consisterait à obtenir que, pour la présentation des billets, chaque clerc, au lieu de laisser une carte, eût un livre à souche sur lui et que le débiteur pût toujours y inscrire sa réponse ou ses réclamations, en les faisant suivre de sa signature. Quant à la signification des actes par la poste, il n'y faut pas plus songer qu'à donner l'avis du protêt par la poste, quelque tentant que soit ce dernier.

« Sur cent effets qui sont payés aux clercs d'huissier, une certaine quantité le sont dans des conditions toutes particulières. Il arrive fréquemment, en effet, que le signataire a changé d'adresse depuis la souscription de son billet. La Banque se présente à son domicile ; elle ne trouve personne et reprend le billet qui revient naturellement à l'huissier. Le clerc qui a sa course à gagner, recherche la nouvelle adresse du débiteur et peut ainsi présenter son effet.

Avec la poste, rien de cela ne serait possible. Un concierge grincheux ne manquerait pas de répondre qu'il ne connaît pas le nouveau domicile de son ancien locataire.

« Nous ne nous lasserons pas de le répéter. Il ne faut pas supprimer le protêt, mais le règlementer. Où le Trésor trouverait-il d'ailleurs les fonds nécessaires pour remplacer les droits d'enregistrement? L'impôt sur l effet impayé a toujours existé. Il est équitable, car, grâce à l'escompte, le billet à ordre se transforme, au moins temporairement, en un billet de banque.

« Le point le plus intéressant et peut-être le plus important de notre projet de mettre les effets en bourse commune, c'est de réglementer les recettes pour toutes les études de Paris. Le tarif de 1807 est suffisant — si l'on supprime la manière de faire des huissiers et si l'on abolit, au moins dans une certaine mesure, la vénalité des charges.

« C'est dans la suppression de la vénalité des charges que l'on trouve la véritable économie et la diminution des frais de justice. Il n'y a en réalité aucune loi qui autorise les officiers ministériels à vendre leurs charges ; la loi du 28 août

1816 les a seulement autorisés à présenter leurs successeurs.

« Nous savons bien que l'État a envisagé cet état de choses arbitraire en percevant des droits d'enregistrement sur la vente et en faisant examiner le coût des études par la chancellerie, mais en réalité, nous le répétons, il n'est aucune loi autorisant les officiers ministériels à vendre leurs études. La réforme est donc possible, sinon aisée.

« Si l'on arrive à niveler toutes les études en les forçant à verser leurs émoluments à la bourse commune, on pourra faire observer la loi et le tarif de 1807. »

Enfin, pressé de donner un projet par les nombreuses lettres que nous recevions, nous avons rédigé la conclusion de notre volume, sous forme de « Projet de Réformes Judiciaires ». C'est un travail sans prétention, mais il a cela de bon qu'il ne touche pas à la loi, qui selon nous est parfaite. Ce sont les Chambres de discipline qu'il faut frapper. Ce sont les abus qu'il faut détruire. Ainsi l'on obtiendra la réduction des frais de justice tant désirée.

En un mot, notre projet n'a qu'un but, rappeler les officiers ministériels au « respect de la
Loi ».

XXXIII

Nous avions tellement raison de dire que le projet de l'honorable M. Rabier était impraticable qu'on peut lire dans les journaux du 21 juin 1890 la note suivante :

« La commission saisie de la proposition Rabier sur les protêts a entendu le garde des Sceaux qui a déclaré le nouveau système impraticable, M. le directeur général de l'enregistrement, entendu ensuite, s'est également déclaré hostile au projet, déclarant que ce système ferait perdre au Trésor la moitié des 7 millions que lui rapportent annuellement les protêts. »

Il fallait s'y attendre. Règle générale, il faut se méfier de ces projets qui soulèvent à première vue les applaudissements et proposent une revision radicale. Ils sont presque toujours flatteurs à l'oreille, mais impossible dans l'application.

Voici maintenant une lettre - d'huissier de Seine-et-Oise qu'ont provoquées nos études précédentes.

Monsieur,

Je suis attentivement vos études concernant notre corporation, et je dois vous dire que si vous révélez certains abus, vous devez quelquefois exagérer un peu ou forcer la note ; je sais bien que votre entreprise à un but louable, celui d'arriver à faire diminuer les frais de justice en mettant à jour ce qui se passe dans certaines études de Paris. Mais il est fort heureux que tous les huissiers n'agissent pas ainsi, et que la majeure partie est composée d'honnêtes gens (il y a partout des brebis galeuses) qui tous font leur possible pour que les actes dont ils sont chargés soient régulièrement signifiés.

Vous ne faites voir dans un huissier qu'un ennemi acharné de la bourse du débiteur, alors qu'il y a autre chose, avouez-le, souvent un homme de cœur qui ne veut pas ruiner un malheureux par la vente et qui lui donne un peu de temps pour pouvoir se libérer, au moyen d'actes de saisie qui coûtent, c'est vrai, mais qui aussi mettent l'huissier à l'abri des plaintes ou des doléances du créancier qui est bien souvent plus terrible que l'huissier lui-même.

Il n'est pas toujours facile de plaire à tout le monde. Il y a aussi une chose qu'il faut dire, c'est que nous ne sommes pas institués dans le but unique de faire payer les débiteurs.

Je me mets donc personnellement en dehors des attaques contenues dans vos colonnes ainsi que tous mes confrères ruraux ou de province, où la procédure ne marche pas à la vapeur comme à Paris, et où nous sommes obligés d'avoir des égards vis-à-vis des débiteurs, que nous connaissons généralement plus ou moins, et que nous ménageons la plupart du temps, — ce qui nous vaut souvent des rappels à l'ordre de nos gros confrères de Paris.

Je désire donc, puisque j'en trouve l'occasion placer un mot à l'appui de votre théorie au sujet des protêts dont la question est posée à la Chambre.

L'intérêt général est en jeu, et tout le monde est partisan de la diminution des frais de justice; mais comment y arriver sans toucher à ce qui existe?

Il est certain, et je suis sûr que vous êtes absolument de mon avis, que le tarif qui nous régit est incompatible avec les besoins actuels; que les prix de 1890 ne doivent plus être les mêmes que ceux de 1807 (Il faut bien aussi que je me plaigne puisque tout le monde en fait autant! Tout a été augmenté, sauf nos honoraires). Eh bien, ce tarif, nous nous en contenterions encore, nous, huissiers ruraux, mais à une condition.

C'est qu'on nous imposerait le cantonnement et la

bourse commune des protêts, et, pendant qu'on y serait, le tarif uniforme; car j'estime mon travail au même prix que celui de mes confrères de Paris ou du siège du Tribunal civil.

Je n'ai pas à parler de la bourse commune des protêts, puisqu'elle est comprise dans votre proposition.

Le cantonnement concilierait en outre tous les intérêts : ceux des débiteurs, des plaideurs, des créanciers et des huissiers; en effet :

On ne verrait d'abord plus venir dans chaque canton ou commune isolés les huissiers d'arrondissement, généralement accapareurs, protester des valeurs avec des droits de transports qui souvent doublent, et au delà, le coût des protêts.

Il en est de même des actes civils ou des poursuites commerciales, car les créanciers adressent souvent leurs titres et pièces aux huissiers du siège des Tribunaux civils ou de commerce.

Il est impossible de reviser entièrement le code de procédure qui, tout le monde le sait, est, dans son application, une grande ressource budgétaire; mais ne trouvez-vous pas comme moi que ce cantonnement diminuerait déjà d'une façon générale très sensible, les frais de justice en tant qu'actes et significations faits par les huissiers.

Ce qui m'étonne, c'est que nos législateurs n'y aient pas encore pensé, au lieu de chercher des moyens irréalisables ou impraticables. C'est-à-dire que si, on y a peut-être pensé; seulement, on s'est peut-être adressé aux praticiens du Comité central des huissiers de France, car il existe, ce comité qui a repoussé à l'unanimité le cantonnement! Savez-vous pourquoi?

C'est parce que les Chambres de disciplines sont presque exclusivement composées de membres qui sont des huissiers des chef-lieux d'arrondissements, et qu'en conséquence le membre délégué de chaque Chambre se trouvait être un de ceux-là, *et, comme tel, ennemi personnel du cantonnement et de la bourse commune.*

Je ne vous apprends peut-être rien; mais si ma lettre peut vous fournir un argument de plus à ceux que vous avez, j'en serai heureux; je vous prie toutefois de ne pas citer mon nom, car je m'attirerais les foudres de ma Chambre de discipline, si j'avais à passer devant elle, et des confrères de Versailles parmi lesquels je compte des amis.

Veuillez agréer, Monsieur, l'assurance de mes meilleurs sentiments.

Signé : X.

Quoique nous ne soyons pas tout à fait de l'avis de notre honorable correspondant, nous enregistrons sa lettre littéralement et même avec plaisir. Elle a du bon, en effet, et se rapproche en certains points de notre programme — notamment lorsqu'elle réclame la suppression du transport, — le protêt et la signification des exploits étant faits par l'huissier de canton.

Nous ne pouvons donner les autres lettres que nous avons reçues. Le nombre en est si considérable qu'il faudrait dix volumes pour les enregistrer; pourtant quelques-unes sont intéressantes au point de vue général, et toutes prouvent que notre campagne est juste.

Il est surabondamment prouvé que la véritable économie à faire sur les frais de justice, c'est de faire observer la loi et le tarif; c'est de supprimer les abus en les réprimant avec toute la force que la loi accorde; c'est surtout de réformer les Chambres de discipline en leur donnant un vrai caractère disciplinaire. Pour obtenir une réduction de 50 pour 100 sur les frais de justice, il suffit à notre point de vue : 1° de faire observer la loi du 27 ventôse an VII (18 mars 1807), sur l'organisation des tribunaux en y ajoutant en ce qui concerne les huissiers :

« Chaque huissier des centres, ceux des villes
« ou cantons qui pourront en justifier la néces-
« sité seront autorisés à avoir près d'eux un

« clerc assermenté, pour la présentation des
« effets, la rédaction des protêts et la significa-
« tion des exploits. Le rôle du clerc assermenté
« se bornera à la signification des exploits, et à
« remplir le « Parlant à ». En aucun cas lesdits
« clercs ne pourront signer soit un original, soit
« une copie. Ils agiront toujours sous la responsa-
« bilité personnelle de l'huissier. Nul ne pourra
« remplir les fonctions de clerc assermenté, s'il
« ne remplit les conditions requises par les ar-
« ticles 10, 11, 12 et 13 du décret du 14 juin
« 1813. »

Il est enfin de toute nécessité de faire observer
aux huissiers et aux clercs assermentés l'article 45 du même décret, relatif à la signification des exploits et aux peines infligées aux
huissiers qui ne signifient pas eux-mêmes.

Les articles 39, 40, 41 et 42 du décret du
14 juin 1813 ont aussi leur importance et il est
nécessaire de veiller à leur stricte application.

Si nous abordons le chapitre II relatif à l'organisation de la Chambre de discipline, nous
trouvons que, là, se trouve le vrai, l'unique
remède à la situation actuelle.

16.

Etudions l'article 53 et l'article 54 ainsi con-
çus : « Article 53 Le nombre des membres de la
« Chambre de discipline, y compris le syndic,
« est fixé, savoir : — à quinze, dans le départe-
« ment de la Seine, — à neuf, dans les autres
« arrondissements où il y aura plus de cinquante
« huissiers ; — à sept, dans les arrondisse-
« ments où le nombre des huissiers sera de
« de trente à cinquante ; à cinq, dans les arron-
« dissements où il y aura moins de trente huis-
« siers. »

Nous proposons comme addition à cet article :
« que la Chambre des huissiers du département
« de la Seine, outre le syndic qui est un huis-
« sier, aura un président ; que ce président sera
« un conseiller près la Cour d'appel ; qu'il y aura
« de plus un rapporteur qui sera un membre
« du Parquet ; qu'enfin près chaque Chambre de
« discipline des huissiers, il y aura un ou plu-
« sieurs greffiers, chargés spécialement de la
« taxe des frais, sous le contrôle du président
« et du rapporteur. Chaque huissier sera obligé
« de faire viser ses exploits par le greffier attaché
« à la Chambre de discipline. Tout acte non
« muni de la griffe et de la signature du greffier,

« chargé de vérifier si le coût de l'exploit est
« conforme au tarif, ne pourra être passé en
« taxe et le payement pourra être refusé.

« Les autres Chambres de discipline, seront
« présidées par un juge. — La mission du pré-
« sident, sera de veiller à l'exécution de la loi.
« Aucun huissier ne fera des actes frustatoires
« et inutiles ; dans toutes procédures, l'huissier
« ne pourra à volonté faire des actes qui la
« plupart du temps ruinent le créancier et le
« débiteur. Le rapporteur devra examiner
« toutes les plaintes, faire son rapport au pré-
« sident et s'il y a lieu, de concert avec ce même
« président, entendre contradictoirement le plai-
« gnant avec l'huissier incriminé devant tous les
« membres de la Chambre de discipline.

« Quant au greffier chargé de la taxe des
« frais, il devra surtout veiller à ce qu'aucun
« acte inutile ne figure dans cette taxe ; il exi-
« gera de l'huissier toutes pièces justificatives,
« prouvant que les droits d'enregistrement et
« de timbres ont été acquittés, notamment en
« matière de procès-verbaux d'affiches.

« Toutes contraventions au tarif seront punies
« conformément à l'article 45. »

L'article 54 dit : « Dans chaque Chambre, il
« y aura, outre le syndic, un rapporteur, un
« trésorier et un secrétaire. »

Nous proposons à cet article, comme addition.
« Outre que le rapporteur sera un membre du
« Parquet, les fonctions de secrétaire seront
« remplies par le greffier. Chaque rapport des
« séances devra être signé par le président, le
« rapporteur, le syndic et chacun des membres
« présents. Ces délibérations seront soumises
« par le président, quand il le jugera à propos,
« à M. le ministre de la Justice. »

Pour la bourse commune nous proposons
l'adoption des dispositions suivantes :

« Désormais les actes de protêts seront en
« bourse commune ; en conséquence, tous les
« billets destinés aux protêts seront reçus par
« les huissiers le lendemain de l'échéance avant
« midi, et transmis au siège de la Chambre de
« discipline immédiatement par l'huissier lui-
« même ou par son clerc assermenté. A Paris,
« l'acte de protêt devra être fait le surlendemain
« de l'échéance à midi ; les clercs assermentés,
« au nombre de quatre-vingts au moins et de
« cent cinquante au plus, pourront présenter

« tous les effets entre une heure et six heures
« du soir le lendemain de l'échéance. Il en sera
« de même pour tous les grands centres; pour
« tous les effets à protester dans les cantons
« ruraux, chaque huissier devra, le jour du pro-
« têt, envoyer à la Chambre de discipline la liste
« exacte des effets qu'il a à protester et le len-
« demain la liste des effets payés. Le contrôle
« des protêts aura lieu par l'Enregistrement qui
« devra déléguer à Paris quatre de ses membres
« le jour de la présentation pour arrêter le livre
« d'inscription des huissiers. Dans les grands
« centres, il en sera de même qu'à Paris; dans
« tous les autres endroits, les receveurs de l'En-
« registrement pourront contrôler les actes des
« huissiers. Le coût du protêt sera réduit de
« la manière suivante pour le protêt simple :

« Pour un effet de 100 francs et au-dessous,
« sans copie, 2 francs (1).

« Savoir :

(1) La copie, étant tombée en désuétude, sera supprimée;
mais l'on aura toujours le droit de se la procurer à la
Chambre de discipline.

A l'huissier : copie du titre....... » 25
                        présentation. » 25
Au Trésor, pour timbre, enregistrement et répertoire.............. 1 50
                                    ———
                                     2 »

« Désormais, le répertoire des protêts sera
« mis à jour par l'Enregistrement, l'huissier
« étant seulement tenu à la présentation et à la
« rédaction, la Chambre syndicale, déléguant un
« certain nombre de ses membres pour signer
« les protêts.

« En province, le protêt devra être fait par
« l'huissier du canton le plus rapproché du
« souscripteur, afin d'épargner le transport ;
« aucun frais de transport ne sera alloué à
« l'huissier de chef-lieu qui fera le protêt dans
« un canton. Pour le protêt avec intervention,
« il sera alloué à l'huissier 25 centimes en
« plus pour la copie et au Trésor 60 centimes
« pour le timbre.

« Pour chaque fraction de 100 francs et jus-
« qu'à des sommes indéterminées, l'État perce-
« vra 60 centimes et l'huissier 5 centimes, mais
« seulement jusqu'à concurrence de 1,500 francs;

« au-dessus, l'huissier ne pourra toucher aucun
« autre émolument.

« Le protêt au Parquet et celui de perquisi-
« tion seront remplacés par une copie affichée à
« la Chambre syndicale et pour laquelle il sera
« alloué :

À l'huissier........................	» 25
Au timbre........................	» 60
	» 85

« Quand le débiteur payera au clerc asser-
« menté, il sera alloué à l'huissier ou au clerc
« assermenté, par billet, 25 centimes.

« Quand le débiteur viendra payer le surlen-
« demain de l'échéance, avant midi, il devra
« payer à l'huissier :

Copie du titre....................	» 25
Course........................	» 25
Timbre........................	» 60
	1 10

« Le surlendemain de l'échéance passé midi,
« les effets seront tous remis sans exception à
« l'Enregistrement.

« Tout porteur d'un effet protesté, pourra, en

« dérogation à l'article 165 du code de com-
« merce, faire dénoncer ledit effet ou lettre de
« change à chacun des endosseurs, par la voie
« de la poste en se servant de l'intermédiaire
« de la Chambre de discipline, qui le lendemain
« du protêt, par lettre recommandée de 25 cen-
« times, préviendra chacun des endosseurs
« qu'ils ont à rembourser ledit effet dans le dé-
« lai de cinq jours francs. Ces avis contiendront
« copie du billet ou de la lettre de change et
« remplaceront la dénonciation de protêt, mais
« ils ne contiendront pas assignation ; en un
« mot, ils assureront le recours du porteur de
« l'effet et de la lettre de change.

   « Il sera alloué :

A l'huissier par lettre d'avis.....   » 25
Au Trésor ; timbre, affranchissement.................................   » 25
                                       ————
                                         » 50

   « Muni du protêt et de la dénonciation par la
« poste, le tiers porteur pourra, dans le délai
« de cinq années, introduire une action contre
« tous les endosseurs et le souscripteur, sans
« dénonciation préalable, le protêt se trouvant

« dénoncé par l'avis de la poste ; alors les droits
« d'enregistrement, de timbre et autres seront
« ceux existant actuellement pour l'assignation.
    « Les délais de remboursement, après l'avis
« par la poste, seront, en outre, augmentés de
« ceux de distance prévus par l'article 166 du
« code de commerce. »

Notre réforme paraît peut-être bien médiocre.
En réalité, elle est immense. En effet :

1° Avec le clerc assermenté, nous exigeons la
signification des actes avant six heures du soir.
Ces actes seront enfin signifiés désormais par
des hommes compétents et ayant intérêt à conserver leur position.

2° En demandant que les Chambres de discipline soient présidées par un conseiller à la
Cour ou par un juge, nous mettons à la tête des
Chambres, non un collègue, mais un censeur sévère et éclairé qui fera observer la loi et le tarif.

3° En demandant que le rapporteur soit un
membre du Parquet, nous satisfaisons toutes
les personnes qui porteront plainte. Avec un
membre du Parquet attaché aux Chambres de
discipline et chargé de recevoir les plaintes don

il s'occupera spécialement, on supprimera les plaintes étouffées par les huissiers et l'on donuera satisfaction aux nombreuses récriminations des plaignants.

4° En demandant que les exploits soient recouverts du visa du greffier chargé d'examiner si ceux-ci sont conformes avec le tarif, nous donnons à tous la sécurité que les exploits, désormais, seront d'un coût exact et conforme au tarif. C'est la suppression, en un mot, de l'exploitation; c'est le rappel des huissiers au devoir et à la pudeur.

5° En exigeant que l'article 45 du décret du 14 juin 1813 soit observé, nous demandons que l'huissier coupable tombe sous le coup de l'article 146 du code pénal ; — nous ne pouvons demander plus, il y va des travaux forcés.

6° Nous demandons que le protêt soit fait d'une façon correcte; nous abaissons les frais de 5 fr. 93 à 2 francs, et nous ne faisons *aucun tort à l'Enregistrement*, qui pourra désormais VEILLER à ce qu'aucun effet ne lui échappe, ayant la possibilité d'un contrôle exact et direct.

7° Avec la dénonciation de protêt par la poste,

sous forme d'avis, nous trouvons le moyen de diminuer cet exploit d'au moins 100 pour 100, tout en conservant la garantie du tiers porteur. *Et pourtant nous ne frustrons pas l'Enregistrement, qui trouvera son compte si les endosseurs ne payent pas.* Il percevra alors, en effet, 3 fr. 75, au lieu de 1 fr. 88, et le timbre sera le même ; seule la copie de pièces sera épargnée.

8° Enfin, nous proposons, comme dernière addition, que nos législateurs décident :

« Que tous les exploits qui seront signifiés « par les clercs assermentés doivent passer par « la Chambre syndicale. »

9° Nous supprimons le transport ; car, désormais, les effets étant concentrés, chaque clerc aura vingt-cinq ou trente effets sur la banlieue, et les 4 francs de transport seront divisés par vingt-cinq ou trente.

Que les réformes que nous proposons aient lieu, il y aura une diminution de 50 pour 100 sur les frais de l'huissier.

Enfin, terminons en souhaitant que MM. les législateurs arment l'Enregistrement par l'article suivant :

« Désormais, M. le directeur du Timbre et de
« l'Enregistrement aura le droit de déléguer,
« quand bon lui semblera, un ou plusieurs
« membres de l'Enregistrement pour contrôler
« chez les huissiers, non seulement le répertoire
« timbré, mais le livre de caisse, le répertoire-
« brouillon, et tous dossiers, reçus, bordereaux
« et récépissés, — et pour s'assurer que les droits
« de timbre ont bien été acquittés pour les affi-
« ches. »

Cet article, à lui seul, rapportera des millions
au Trésor.

FIN

TABLE DES MATIÈRES

EXTRAIT

DU

Catalogue de la Nouvelle Librairie Parisienne

———

ALBERT SAVINE, ÉDITEUR

PARIS — 12, rue des Pyramides, 12 — PARIS

Envoi franco contre mandat ou timbres-poste

A

***

La Triple Alliance de demain. — Les Alliés naturels
de la France. — La Neutralité suisse, 2ᵉ édition.   3 50

ABONNEAU (Georges)

Cadet, de la Rousselle, 2ᵉ édition................   3 50

ALBANUS ALBANO

Bardha de Témal, scènes de la vie albanaise, 2ᵉ édit.   3 50

ALMIRAL (V.)

L'Espagne telle qu'elle est, 2ᵉ édition 3 50

ANSTEY (F.)

Vice Versa, traduit de l'anglais, 2ᵉ édition........   3 50

***

L'Armée française et son budget en 1890, 2ᵉ édit..   3 50

B

BARBEY D'AUREVILLY (J.)

Polémiques d'hier, 2e édition...................... 3 50
Dernières Polémiques. 2e édition.. .... 3 50
Les 40 Médaillons de l'Académie française, 2e édit.. 2 »

BARRA (Léopold)

Les Romancelets, illustrés...................... 3 50

BARRAL (Georges)

Histoire des sciences sous Napoléon Bonaparte,
  2e édition...................................... 3 50

BARRON (Louis)

Sous le drapeau rouge (Guerre sociale et Déporta-
  tion de 1871), 2e édition...................... 3 50

BASCH (Docteur)

Maximilien au Mexique, 2e édition.............. 3 50

BELON (P.) et PRICE (G.)

Paris qui passe, 1887, 2e édition................. 3 50

BÉNIGNE (Ange)

Leurs Mensonges, couverture illustrée, 2e édition.. 3 50

BERGOT (Raoul)

L'Algérie telle qu'elle est, 2e édition.............. 3 50

BERTHAUT (Léon)

Veillées d'armes, poésies 3 50

BERTRAND (Pierre)

Toute la Vie, 2e édition......................... 3 50

BLOY (Léon)

Un Brelan d'Excommuniés, 2e édition .... 2 »
Le Désespéré 3 50

BONHOMME (Paul)

L'Affaire de Jeufosse, 2e édition................. 3 50

BONNEVEAU (Alcide)

La Jungle, poésies............................. 3 50

BOISSIN (Firmin)
Jan de la Lune, 2ᵉ édition..................... 3 50

BONTOUX (Eugène)
L'Union générale, sa vie, sa mort, son programme,
   8ᵉ mille....................... 3 50

BONNAMOUR (George)
Fanny Bora, mœurs parisiennes, 2ᵉ édition....... 3 50

BOURGES (Elémir)
Le Crépuscule des Dieux, 3ᵉ édition 3 50
Sous la hache, 2ᵉ édition...................... 3 50

BOURNAND (François)
Le Clergé sous la troisième République, 2ᵉ édition 3 50

BRÉ (Charles de)
Le Roman du prince Impérial (Louis-Napoléon
   Bonaparte et miss Watkyns), 4ᵉ édition........ 3 50

BRUYÈRES (Justin des)
Le Clergé sur la brèche........................ 2 50

BUET (Charles)
Contes moqueurs, 2ᵉ édition.................... 3 50
Médaillons et camées, 2ᵉ édition................ 3 50

C

CAHU (Théodore) — THÉO-CRITT
L'Europe en armes en 1889. Études de politique
   militaire, 3ᵉ édition........................ 3 50

CALLET (Auguste)
Les Origines de la troisième République. Études
   et documents historiques, 2ᵉ édition........... 3 50

A.-H. CANU et G. BUISSON
M. Paul Déroulède et sa Ligue des Patriotes, 2ᵉ édit. 2 »

CHARLIE (Robert)
Le Poison allemand, 3ᵉ édition.................. 3 50
La Bière française, 3ᵉ édition................... 2 50

CHINCHOLLE (Charles)

Le Général Boulanger, 4° édition.................... 3 50

CHIRAC (Auguste)

La Haute Banque et les Révolutions, 2e édition... 3 50
L'Agiotage sous la troisième République, 2 vol., 5° éd. 7 »
Les Pots-de-Vin parlementaires, 2° édit.......... » 50

CHTCHÉDRINE

Les messieurs Golovleff, traduit du russe, 2° édit. 3 50

CIM (Albert)

Institution de Demoiselles, 5° édition............ 3 50
La petite Fée, 2° édition......................... 3 50
Deux Malheureuses, 2° édition.... .... 3 50
Un coin de province, 2° édition.................. 3 50

* * *

La Cité future (après l'an 2000).................. 3 50

CLARENS (Jean-Paul)

Réaction, 2° édition.............................. 3 50

COMMANDANT ٭*٭

La prise de Cherbourg, 2° édition................ 3 50

CONSTANT (Benjamin)

Lettres à sa famille, 2° édition.................. 5 »

CONTI (Henri)

L'Allemagne intime, 4° édition................... 3 50

CORRE (Docteur A.)

Nos Créoles, 2° édition.......................... 3 50

CORTHEY (Ad.)

Le Fleuret et l'Épée, étude sur l'escrime contemporaine, brochure in-8............................ 1 »

CORVIN (Pierre de) (NEVSKY)

Histoire du théâtre en Russie, 2° édition.......... 3 50

D

DARIEN (Georges)

Bas les Cœurs! 1870-71, 2° édition............... 3 50

Biribi, discipline militaire, 2ᵉ édition............,..... 3 50

DARIEN (Georges) et DUBUS (Edouard)

Les Vrais Sous-Offs, brochure in-18 jésus, 2ᵉ édit. » 75

DARRAS (Paul)

Les Causes célèbres de la Belgique, 2ᵉ édition.... 3 50

DELBOS (Léon)

Les Deux Rivales, l'Angleterre et la France, 2ᵉ édit. 3 50

DESPLAS (Philippe)

Le Tremplin, 2ᵉ édition........................... 3 50

DESPORTES (Henri)

Le Mystère du sang chez les Juifs de tous les
temps, préface de Drumont, 3ᵉ édition......... 3 50
Le Frère de la duchesse d'Angoulême, in-8 broché 3 50

DEYDIER (Augustin)

L'Armée, 2ᵉ édition............................... 2 »

DRAULT (Jean)

Youtres impudents!.............................. » 60

DROUARD (Pauline)

En pays envahi, 1870-71, 2ᵉ édition.............. 3 50

DRUMONT (Édouard)

La Fin d'un Monde, étude psychologique, 70ᵉ mille.. 3 50

DUBARRY (Armand)

Service des mœurs, 2ᵉ édition..................... 3 50

DUVAUCHEL (Léon)

Le Tourbier, 2ᵉ édition........................... 3 50

F

FABRE DES ESSARTS

Les Dessous de l'affaire Gilly-Andrieux, 2ᵉ édit.. 3 50

FASTENRATH (Jean)

Figures de l'Allemagne contemporaine, 2ᵉ édition. 3 50

FIDUS (Journal de)

Révolution de septembre. — Paris assiégé (1870).. 3 50

Capitulation. — Commune (1871)................ 3 50
L'Essai loyal (1871-1875)........................ 3 50

FOUCAULT DE MONDION

La Vérité sur le Tonkin, 2ᵉ édition.............. 2 »
Quand j'étais Mandarin, 2ᵉ édition.............. 3 50

G

GINISTY (Paul)

L'Année littéraire, 1885, 2ᵉ édition.............. 3 50

GOURMONT (Remy de)

Sixtine, 2ᵉ édition 3 50

GOURDON (Georges)

Les Villageoises, poésies, 2ᵉ édition............. 3 50

GRAS (Félix)

Le Romancero provençal, avec la traduction française littérale.................................. 4 »

GRASILIER (Léonce)

Causes célèbres de l'Angleterre, 1ʳᵉ série......... 3 50

GROS (Charles)

Poèmes habituels............................... 3 50

GRIGOROVITCH (Dimitri)

Les Parents de la Capitale, traduit du russe, portrait, 2ᵉ édition 3 50

GUIBERT (Denis)

Le Nouvel aspect de la Question romaine, 2ᵉ édit. 3 50

****

Les Garagouins.................................. 3 50

GUTZKOW (Karl)

Le Prince de Madagascar, 2ᵉ édition............. 3 50

GUY-VALVOR

Une Fille, 2ᵉ édition........................... 3 50
L'Oiseau bleu, 2ᵉ édition....................... 3 50
Sadi, 2ᵉ édition................................ 3 50

H

HAMON(A.) ET G. BACHOT

L'Agonie d'une société, 2ᵉ édition........... .... 3 50

HOCHE (Jules)

Le Vice sentimental, 2ᵉ édition.................... 3 50
La Fiancée du Trapèze, 2ᵉ édition................ 3 50
Causes célèbres de l'Allemagne, 2ᵉ édition........ 3 50

HUFFEL (Van)

Guerre aux frais de justice, justice gratuite, 2ᵉ édit. 3 50

HUGONNET (Léon)

Chez les Bulgares, 2ᵉ édition................. .... 3 50

I

IBSEN (Henrick)

Théâtre, traduit du norvégien, 2ᵉ édition.......... 3 50

J

JUGLART (R. de)

Les événements d'Angoulême, 2ᵉ édition.......... 3 50

K

KIMON

La Politique israélite, 2ᵉ édition................. 3 50

KORIGAN (Paria)

Le Tréfonds, 2ᵉ édition....................... 3 50
La Grande-Janic, 2ᵉ édition.................. 3 50

CRESTOVSKY

Vériaguine, traduit du russe, 2ᵉ édition.......... 3 50

L

LAFARGUE-DECAZES (G)

ISRAEL. Son Excellence le citoyen Vénal, 2ᵉ édit... 3 50

LAM (Frédéric)

Les Phuvresses, poésies...................... 3 »

LAROCQUE (Jean)

1871. Souvenirs révolutionnaires, 2ᵉ édition...... 3 50

LAUROY (Pascal)

Metz et le joug prussien, 2ᵉ édition.............. 3 50

LEMONNIER (Camille)

Un Mâle, édition définitive..................... 3 50
Noëls flamands, contes, 2ᵉ édition............... 3 50
Les Peintres de la vie, 2ᵉ édition............... 3 50
Ceux de la glèbe, nouvelles, 2ᵉ édition.......... 3 50

LEPAGE (Jules)

Une déclassée, couverture illustrée, 2ᵉ édition.... 3 50

LERMINA (Jules)

Nouvelles Histoires incroyables, 2ᵉ édition....... 3 50

LERMONTOFF

Un Héros de notre temps, 2ᵉ édition............. 3 50

LE VERDIER (Henri) et NÉVROSINE

Voyage autour du Demi-Monde en 40 nuits, 2ᵉ édit. 3 50

L'HEUREUX (Paul)

Latapie, commis-voyageur (illustré), 2ᵉ édition.... 3 50
L'Hôtel Pigeon, 2ᵉ édition..................... 3 50

LITTAMARRE (Georges)

Les Résignées, poésies........................ 3 50

LOMBARD (Jean)

L'Agonie (Rome au IIIᵉ siècle), 2ᵉ édition........ 3 50
Byzance (VIIIᵉ siècle) 2ᵉ édition................ 3 50

LORRAIN (Jacques Le)

Nu, 2ᵉ édition............................... 3 50
Le Rousset, 2ᵉ édition........................ 3 50

LORRAIN (Jean)

Modernités, 2ᵉ édition........................ 3 50
Très Russe, 2ᵉ édition........................ 3 50

LOYAL (François)

L'Espionnage allemand en France (1871-1887), 3ᵉ éd. 3 50

LOZÈRE (Jacques)
Baudemont, roman de sport, 4ᵉ édition............ 3 50
Mariages aux champs, charmante idylle, 2ᵉ édition 3 50

LUGOL (Julien)
Dona Perfecta, traduit du castillan par A. Savine. 3 50

LUGUET (Marcel)
Élève-Martyr (le monde militaire), 2ᵉ édition...... 3 50
En guise d'amant, 2ᵉ édition................... 3 50

M

MACAIGNE (Lucien)
Maître Leteyssier, 2ᵉ édition................... 3 50

MARC MARIO et LAUNAY (Louis)
Vidocq, le roi des voleurs, le roi des policiers,
2 vol. à................................. 3 50

MARGUERITTE (Paul)
Tous quatre, 2ᵉ édition....................... 3 50
La Confession posthume, 2ᵉ édition............. 3 50
Maison ouverte, 2ᵉ édition.................... 3 50

MARLOWE (Christophe)
Théâtre, 2 vol., trad. de l'anglais, par F. Rabbe,
préface de Jean Richepin, 2ᵉ édition .... 7 »
Couronné par l'Académie française

MARTEL (Tancrède)
La Main aux dames, 2ᵉ édition................. 3 50
La Parpaillote, mœurs de province, 2ᵉ édition 3 50
Paris païen, fantaisies parisiennes, 2ᵉ édition..... 3 50

MARTINEZ (Docteur, professeur de théologie)
Le Juif, voilà l'ennemi! Appel aux catholiques, 2ᵉ éd. 3 50

MAUVRAC (Julien)
L'Amour fantaisiste, couverture illustrée, 2ᵉ édit.. 3 50

MERLINO (Xavier)
L'Italie telle qu'elle est, 2ᵉ édition.............. 3 50

MERSON (Ernest)
Confessions d'un journaliste, 2ᵉ édition.......... 3 50

MÉRY (Gaston)
L'École où l'on s'amuse, 2ᵉ édition........_............ 3 50

MÉTENIER (Oscar)
La Grâce, 2ᵉ édition............................ 3 50
Bohême bourgeoise, 2ᵉ édition 3 50
Outre-Rhin, roman d'action. couverture illustrée
   2ᵉ édition............................... 3 50
La Croix, autour de la Caserne, 2ᵉ édition........ 3 50

MEYNIÉ (Georges)
L'Algérie Juive, 3ᵉ édition...................... 3 50
Les Juifs en Algérie, 3ᵉ édition................. 3 50

MICKIEWICZ (Ladislas)
Adam Mickiewicz, sa vie, son œuvre, 2ᵉ édition.. 3 50

MONIN (Docteur E.)
Les Propos du Docteur (médecine et hygiène)..... 3 50

MOORE (George)
Confessions d'un jeune Anglais, 2ᵉ édition........ 3 50

MOUGEOLLE (Paul)
Le Règne des Vieux, 2ᵉ édition................... 3 50

MUSTEL
Rallye-Dot, 2ᵉ édition............................ 3 50

N

NAPOLÉON-BONAPARTE
Œuvres littéraires, édition complète en 4 volumes
   à 3 fr. 50, 2ᵉ édition........................ 14 »

NARJOUX (Félix)
Francesco Crispi, l'homme public, l'homme privé,
   2ᵉ édition.................................. 3 50

NEMOURS GODRÉ (L.)
Daniel O'Connel, sa vie, son œuvre, 2ᵉ édition.... 3 50
Les Cyniques, le dessus du panier, sous le pressoir 3 50

NEUKOMM (Ed.)
Le Voyage de Noce d'Hermann et Dorothée, 2ᵉ éd. 3 50

Nion (François de)
L'Usure, 2ᵉ édition............................ 3 50
La Peur de la mort, 2ᵉ édition.................... 3 50

Nuc (Joseph)
De Paris à Francfort............................ 3 50

O

Ogier d'Ivry
Dernières rimes de cape et d'épée................ 3 50

Oller (Narcis)
Le Papillon, traduit du catalan, par A. Savine.... 3 50

Ors (Abel d')
La Femme aux nymphéas, 2ᵉ édition............. 3 50

P

Pardo Bazan (Emilia)
Le Naturalisme................................. 3 50

Pavlovski (Isaac)
Souvenirs sur Tourgueneff, portrait, 2ᵉ édition.... 3 50

Pène-Siefert (J.)
La Marine en danger, 3ᵉ édition.................. 3 50
Les Flottes rivales, 2ᵉ édition.................... 3 50

Pigeon (Amédée)
L'Allemagne de M. de Bismarck, in-8............. 7 50

Pinard (Albert)
Madame X***................................... 3 50

Pisemski (A.-F.)
Théâtre choisi, traduit du russe, 2ᵉ édition....... 3 50

Poe (Edgard)
Derniers contes, traduits de l'anglais, avec portrait. 3 50

Ponsolle (Paul)
Le Tombeau des milliards : Panama, 2ᵉ édition... 3 50

Pontois (Honoré), député
Les Odeurs de Tunis, 4ᵉ édition.................. 3 50

RICHARD (Pierre)

Le Procès de la Ligue des Patriotes, 2ᵉ édition.... 3 50

ROD (Édouard)

L'Autopsie du docteur Z..., 3ᵉ édition........... 3 50

ROHLING (Auguste)

Le Juif selon le Talmud, traduction française, préface de Drumont, 2ᵉ édition................. 3 50

ROSNY (J.-H.)

Nell Horn, mœurs londoniennes, 2ᵉ édition....... 3 50
Le Bilatéral, mœurs révolutionnaires parisiennes, 2ᵉ édition.................................... 3 50
L'Immolation, étude de paysans, 2ᵉ édition........ 3 50
Le Termite, roman de mœurs littéraires, 2ᵉ édition. 3 50
Les Xipéhux, in-8............................. 2 »

ROUANNET (Léo)

Chambre d'hôtel, 2ᵉ édition.................... 3 50
Maxime Everault, roman parisien, 2ᵉ édition...... 3 50

ROUGIER (Paul)

Les Rêves, poésies.......................... 3 50

ROUGIER (Elzéard)

Naufrage d'amour, 2ᵉ édition.................. 3 50

S

SAINTE-CROIX (Camille de)

La Mauvaise Aventure, 2ᵉ édition.............. 3 50
Contempler, 2ᵉ édition...................... 3 50

SAMAROW (Grégor)

Les Scandales de Berlin, 4 vol................ 14 »
Sceptres et Couronnes, 2 vol................. 7 »
Mines et Contre-Mines, 2 vol................. 7 »

SAVINE (Albert)

Les Étapes d'un naturaliste.................. 3 50
Mes Procès, 2ᵉ édition...................... 3 50

***

Scandales de Paris, 2 vol. à 3 50.............. 7 »

***

Les Scandales de Saint-Pétersbourg, 3ᵉ édition.... 3 50

SHELLEY

Œuvres poétiques complètes, traduction F. Rabbe,
2ᵉ édition, 3 vol. à 3 50........................ 10 50
Sa vie et ses œuvres, par F. Rabbe, 2ᵉ édition..... 4 ›

SOLOVIEV (Vladimir)

La Russie et l'Église universelle, 2ᵉ édition....... 3 50

SOREL, avocat

Catholicisme et démocratie constitutionnelle, 2ᵉ édit. 3 50

STEPNIAK (S.)

La Russie sous les Tzars, in-8, 2ᵉ édition......... 7 50

T

TALRICH (Pierre)

Souvenirs du Roussillon, poésies catalanes, texte
et traduction, in-8, illustré.................... 3 50

TANDONNET (André)

Castille — Andalousie — Grenade, vues et souvenirs, couverture illustrée.................... 3 50

TARDY (Joseph)

De Corfou à Dresde, 2ᵉ édition................. 3 50

TAXIL (Léo)

La Ménagerie politique, avec 30 dessins de Baren-
tin et Blass, 3ᵉ mille......................... 3 50

TAXIL (Léo) et VERDUN (Paul)

Les Assassinats maçonniques, 3ᵉ mille........... 3 50

TEMPLE (Sir Richard)

L'Inde Britannique, traduit par Pène-Siefert, 2ᵉ édit. .5 ›

TIERCELIN (Louis)

Amourettes, avec vignettes. 2ᵉ édition............ 3 50
Les Anniversaires, poèmes nationaux, 2ᵉ édition.. 3 50
La Comtesse Gendelettre, 2ᵉ édition............. 3 50

Tikhomirov (Léon)

La Russie politique et sociale, in-8', 2ᵉ édition.... 7 50
—   —   in-18, 3ᵉ édition.... 3 50
Conspirateurs et policiers, 2ᵉ édition............ 3 50
Pourquoi je ne suis plus révolutionnaire, texte
russe, brochure in-8°........................ 1 50

Tolstoï (Comte Alexis)

La mort d'Ivan le Terrible, traduit du russe, 2ᵉ édit. 3 50

Tolstoï (Comte Léon)

Dernières Nouvelles, trad. du russe, 4ᵉ édit., portrait 3 50
Que faire ? traduit du russe, 3ᵉ édition............ 3 50
Ce qu'il faut faire, traduit du russe, 2ᵉ édition..... 3 50
Ma Confession, traduit du russe, 2ᵉ édition....... 3 50
Les Décembristes, traduit du russe, avec introduc-
tion historique, 3ᵉ édition.................... 3 50
Le Progrès et l'Instruction publique en Russie, tra-
duit du russe, 3ᵉ édition..................... 3 50
Pour les Enfants, traduit du russe, 5ᵉ édition..... 3 50
L'École de Yasnaïa-Poliana, traduit du russe, 2ᵉ éd. 3 50
La Liberté dans l'école, traduit du russe, 2ᵉ édition. 3 50
La Puissance des Ténèbres, drame en cinq actes,
traduit du russe, 3ᵉ édition................... 3 »

Tolstoï (Comte Nicolas)

La Vie, traduit du russe, 2ᵉ édition.............. 3 »

* * *

La Triple Alliance de demain. — Alliés naturels de
la France. — La Neutralité suisse, 2ᵉ édition.... 3 50

V

Vandam (A.)

Causes célèbres de l'Angleterre (Affaire Colin-Cam-
pell), 2ᵉ série............................... 3 50

Verdaguer (Jacinto)

Le Canigou, traduit du catalan, avec texte en regard,
2ᵉ édition.................................. 3 50
L'Atlantide, poème, traduction A. Savine........ 3 50

Vereschagin (Vassili)

Souvenirs, illustrés par l'auteur, 2ᵉ édition....... 3 50

VERGA (Giovanni)

Les Malavoglia, mœurs siciliennes, 3ᵉ édition..... 3 50
Eva, traduit de l'italien, 2ᵉ édition....—......... 3 50

VIDAL (Jules)

Un cœur fêlé........................, ... 3 50
Blanches Mains............................ 3 50

VIRMAITRE (Charles)

Paris qui s'efface, 2ᵉ édition..................... 3 50
Paris-Escarpe, 10ᵉ édition..................... 3 50
Paris-Canard, 2ᵉ édition..................... 3 50
Paris-Palette, 2ᵉ édition..................... 3 50
Paris-Boursicotier, 2ᵉ édition..................... 3 50

VORYS (Jules de)

Popular, 2ᵉ édition, couverture illustrée.......... 3 50

W

VICKERSHEIMER (E.), ancien député.

L'Alliance franco-russe, réponse à M. Serge de
Tatitscheff, brochure in-18 jésus, 2ᵉ édition...... » 60

WOLSKI (Kalixt de)

La Russie juive, *Monita secreta* des Juifs, 3ᵉ édit. 3 50

X

XAU (Fernand) et Mᵉ ALEXANDRE

La Question des Huissiers : Affaires commerciales.
— Le Tarif de 1807, 2ᵉ édition................. 3 50

BIBLIOTHÈQUE ANTISÉMITIQUE

Voir : DRUMONT, BERGOT, BONTOUX, BOURNAND,
CHIRAC, DRAULT, DESPORTES, HAMON et
BACHOT, KIMON, LAFARGUE, MARTINEZ,
MEYNIÉ, NEMOURS GODRÉ, PONTOIS, SA-
VINE, ROHLING, TAXIL, TAXIL et VERDUN,
WOLSKI.